초등학생이 꼭 읽어야 할

WoW
5000년
한국여성위인전
①

초등학생이 꼭 읽어야 할
WOW 5000년 한국여성위인전 ❶

2012년 12월 7일 초판 10쇄 발행 | 2022년 10월 11일 개정판 5쇄 발행

엮은이 신현배 | **그린이** 홍우리 | **펴낸이** 장진혁 | **펴낸곳** 형설출판사(형설아이)
주소 경기도 파주시 회동길 37-23 | **전화** (031) 955-2371, (031) 955-2361
팩스 (031) 955-2341 | **등록** 602-28-05144 | **홈페이지** www.hipub.co.kr
공급 형설출판사

ISBN 978-89-6142-048-8 64990
ISBN 978-89-6142-047-1 (세트)

ⓒ 신현배, 형설출판사(형설아이) All Rights Reserved.

※ 잘못된 책은 구입하신 곳에서 바꾸어 드립니다.
※ 본 자료의 저작권은 저작권자와 출판사에 있으며, 사전 승인 없이
   문서의 전체 또는 일부만을 발췌/인용하여 사용하거나 배포할 수 없습니다.

머리말

5000년 우리 역사를 돌아보면 많은 사건들이 있었고, 그 사건의 현장에는 늘 중요한 인물들이 있음을 알 수 있습니다. 이들은 역사에 큰 발자취를 남겼으며, 오늘날에는 위인이라 불리고 있습니다.

그런데 우리 위인전을 보면 남성 위인이 대부분이고 여성 위인은 몇 사람 되지 않습니다. 그것은 왜 그럴까요? 역사의 사건 현장에는 틀림없이 여성들이 있었고, 남성 못지않게 역사에 큰 발자취를 남긴 여성도 적지 않은데 말입니다.

그 이유는 5000년 우리 역사가 남성 중심으로 이어져 왔으며, 여자라는 이유만으로 억압과 차별 대우를 하고, 정당한 평가를 하지 않았기 때문입니다. 그러다 보니 역사의 주인공은 대부분 남성 위인이 될 수밖에 없었고, 대부분의 여성 위인은 역사 속에 묻혀 있어야 했습니다.

그러나 우리 역사에는 임금, 왕비, 공주, 문학가, 사업가, 의사, 변호사, 신문 기자, 예술가, 학자, 의병대장ㆍ독립 운동가, 사회 사업가ㆍ농촌 운동가, 종교인, 비행사 등 다양한 분야에 걸쳐 많은 여성 위인들이 활약했습니다. 이들은 주변인으로 머물러 있는 대신 남성이 지배하는 사회에서 남성과 당당하게 맞서, 불굴의 노력으로 자기 분야에서 자신의 꿈을 이루었기에 더욱 훌륭합니다.

'사람은 역사를 만들고, 역사는 인물을 만든다.' 라는 말이 있듯이, 위인은 자기 분야에서 역사를 만든 사람입니다. 자신이 정말로 좋아하는 일을 찾아, 피땀어린 노력과 불굴의 의지로 남다른 업적을 남긴 것이지요.

이들에게는 배울 점이 참 많습니다. 이들은 자기 자신보다는 나라를 먼저 생각했으며, 어떤 어려움이 있더라도 좌절하지 않고 그것을 이겨 냈습니다. 또한 불의와 타협하지 않고 언제나 정의의 편에 섰으며, 자신의 재주를 갈고 닦는 데 게을리하지 않았습니다. 어린이 여러분도 이런 위인들을 본받아 자신의 꿈을 이루어 나갔으면 합니다.

이 책은 5000년 우리 역사에 길이 남을 여성 위인 30명을 가려 뽑아, 그 생애와 업적을 분야별로 나누어 소개한 책입니다.

제1권에서는 임금, 왕비, 공주, 문학가, 사업가, 의사, 변호사, 신문 기자를, 제2권에서는 예술가, 학자, 의병대장·독립 운동가, 사회 사업가·농촌 운동가, 종교인, 비행사를 다루었습니다.

아무쪼록 이 책을 통해 역사에 대한 흥미와 관심을 갖고, 남성과 여성이 함께 이끌어 가는 새로운 역사의 주인공이 되시기 바랍니다.

엮은이 신현배

차 례

●●● 임금 편
선덕여왕 / 지혜롭고 현명한 최초의 여자 임금 ················ 8

●●● 왕비 편
소서노 / 고구려, 백제를 세운 왕비 ························ 30
허황후 / 수로왕과 함께 가야국을 다스린 왕비 ················ 46
명성황후 / 일제와 당당히 맞선 조선의 국모 ··················· 56

●●● 공주 편
평강공주 / 바보 온달을 훌륭한 장수로 만든 고구려의 여걸 ······ 78
선화공주 / 백제 중흥을 꿈꾼 여장부 ························ 86

●●● 문학가 편
황진이 / 우리 겨레 최고의 여성 시인 ························ 96
허난설헌 / 중국에 문명을 떨친 천재 시인 ····················· 112

이매창 / 황진이와 쌍벽을 이룬 조선 시대 대표 여성 시인 ········ 130

김삼의당 / 남편 사랑을 문학으로 꽃피운 여성 문인 ············ 144

●●● 사업가 편

소현세자빈 강씨 / 국제 무역의 개척자 ························ 158

김만덕 / 제주 사람들을 구한 큰 상인 ························ 174

●●● 의사 편

박에스더 / 우리나라 최초의 여의사 ························ 194

●●● 변호사 편

이태영 / 가족법 개정 운동에 앞장선 최초의 여성 변호사 ········ 210

●●● 신문 기자 편

최은희 / 우리나라 최초의 민간 신문 여기자 ·················· 238

임금 편

여성 위인전

지혜롭고 현명한 최초의 여자 임금

선덕여왕

?~647, 신라 제27대 왕. 신라의 첫 여왕이자 우리나라 첫 여왕으로, 이름은 덕만이다. 진평왕의 맏딸이고 어머니는 마야부인 김씨이다. 어려서부터 지혜롭고 총명하기로 이름 높았으며, 임금이 된 뒤에는 세계에서 가장 오래된 천문대인 첨성대를 비롯하여 황룡사 9층 목탑을 건립하여 신라의 부흥을 꾀하였다. 그 밖에 분황사·석장사·통도사 등 25개의 절을 세우는 업적을 남기기도 하였다. 또한 16년 동안 백성을 잘 다스리고 김춘추, 김유신 등의 인재를 길러내어 뒷날 신라가 삼국을 통일하는 데 그 기반을 닦은 임금으로 평가되고 있다.

621년, 신라 진평왕 43년의 일입니다.

어느 날, 중국 당나라 태종이 유문소라는 사신을 통해 선물을 신라로 보내 왔습니다. 비단 300필과 붉은빛, 자줏빛, 흰빛의 모란꽃 그림, 그리고 모란 꽃씨 석 되였습니다.

진평왕은 이 선물을 받고 몹시 기뻐했습니다.

"참으로 값진 선물이로구나. 황금보다 비싼 최고급 비단에 귀하디 귀한 모란꽃 그림이라……. 가만, 우리나라에는 모란꽃이 아직 없지?"

"예, 그렇습니다."

왕은 신하들 앞에서 모란꽃 그림을 들여다보았습니다.

"참 대단한 솜씨야. 어쩜 이렇게 잘 그릴 수가 있나? 소담스런 꽃이 그대로 살아 숨쉬는 것 같아."

"예, 하늘이 낳은 화가의 빼어난 그림이라 생각됩니다."

"나도 같은 생각이야. 이렇게 좋은 그림을 나 혼자 보고 즐길 수야 없지. 여봐라, 덕만공주를 들라 일러라."

왕은 신하들을 내보내고 덕만공주를 불렀습니다. 덕만공주는 진평왕과 그 왕비인 마야부인 김씨 사이에서 태어난 맏딸이었습니다. 밑으로는 두 여동생인 천명공주와 선화공주가 있었습니다. 천명공주는 뒷날 임금이 되는 김춘추(태종 무열왕)의 어머니이고, 선화공주는 백제 무왕과 결혼하는 유명한 공주입니다.

잠시 뒤, 덕만공주가 나타났습니다. 덕만공주는 방 안으로 천천히 걸어 들어와 왕 앞에 앉았습니다.

"아바마마, 부르셨습니까?"

"오, 그래, 공주야. 어서 오너라. 내가 너를 부른 것은 보여 줄 그림이 있어서야."

"어머, 그래요? 무슨 그림인데요?"

"구하기 어려운 귀한 그림이란다. 공주야, 넌 모란꽃을 본 적이 있니?"

"없습니다. 어떻게 생긴 꽃이죠? 어서 그림을 보여 주세요."

덕만공주는 궁금증이 나면 참지 못하는 성격이었습니다. 그래서 빨리 그림을 보여 달라고 졸랐습니다.

그제야 왕은 공주 앞에 그림을 펼쳐 보였습니다.

덕만공주는 모란꽃 그림을 찬찬히 들여다보았습니다.

"어떠냐?"

"……."

공주는 꽃이 너무 아름다워 놀란 듯, 그림에서 눈을 떼지 않았습니다. 그러다가 한참 만에 입을 열었습니다.

"아바마마, 분명 우리나라에서는 볼 수 없는 귀한 꽃인 것 같습니다. 그런데 꽃이……."

"아니, 왜? 꽃에 흠이라도 있단 말이냐?"

왕은 미심쩍은 얼굴로 공주의 대답을 기다렸습니다.

"흠이라면 큰 흠이지요. 제대로 된 꽃이라면 세 가지를 다 갖추어야 한다고 생각합니다. 우선 모양이 좋아야 하고, 그 다음엔 빛깔이 고와야 해요. 그리고 향기가 좋아야 진정 아름다운 꽃이라 할 수 있을 것입니다."

"그렇다면 이 모란꽃에는 향기가 없단 말이냐?"

"예, 그렇습니다."

공주는 자신 있게 대답했습니다. 그러자 왕은 고개를 갸웃거렸습니다. 아무리 생각해도 이해할 수 없다는 표정이었습니다.

"아니 그럼, 향기 없는 꽃도 있단 말이냐? 허허, 그런 꽃이 있다는 소리는 처음 듣는구나."

그러나 왕은 공주가 지혜롭고 현명하다는 것을 잘 알고 있었습니다. 허튼 소리를 늘어놓을 공주가 아니었습니다. 무슨 까닭이 있으리라 여긴 왕은 이렇게 물었습니다.

"공주는 모란꽃에 향기가 없다는 것을 어떻게 알았느냐?"

"아바마마, 이 그림을 자세히 보세요. 꽃이 활짝 피어 있는데 벌이나 나비가 없지 않습니까?"

"어디 보자."

왕은 눈을 동그랗게 뜨고 그림을 자세히 들여다보았습니다.

"정말 그렇구나. 벌이나 나비는커녕 파리 한 마리 없어. 그래서 어떻다는 거냐?"

"그것만 봐도 알 수 있지 않습니까. 이 꽃에 향기가 없으니까 벌이나 나비가 없는 것이지요."

"허허, 듣고 보니 그렇구나."

왕은 고개를 끄덕였습니다.

"아바마마, 당나라 황제가 왜 벌이나 나비가 없는 모란꽃 그림을 보냈는지 아십니까?"

"글쎄……."

"예부터 여자는 꽃으로, 남자는 벌이나 나비로 나타내 왔지요.

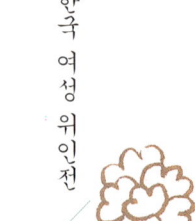

제가 결혼도 하지 않고 혼자 사니 그것을 비웃은 것입니다."

"……."

왕은 말없이 고개를 숙였습니다. 모란꽃 그림이 공주를 조롱하는 물건인 줄도 모르고, 좋은 선물을 받았다고 기뻐한 자신이 부끄러웠습니다.

가을이 되자 왕은 모란 꽃씨 석 되를 땅에 골고루 심게 했습니다. 기나긴 겨울을 나고 봄이 되자 싹이 돋았습니다. 그리고 5월에 드디어 크고 소담스러운 꽃이 피어났습니다.

왕은 정말 꽃에 향기가 없는지 냄새를 맡아 보았습니다.

'과연 모란꽃에 향기가 없구나. 우리 공주는 지혜롭고 현명하단 말이야.'

왕은 덕만공주의 생각이 옳음을 확인하고 그 지혜에 거듭거듭 탄복했습니다.

'공주에게 왕위를 물려주자. 이만한 지혜와 총명이라면 나라와 백성을 잘 다스릴 수 있을 거야.'

진평왕은 이렇게 결심하고 맏딸 덕만공주에게 왕위를 잇게 했습니다. 그리하여 진평왕이 세상을 떠난 뒤 덕만공주는 임금의 자리에 올랐는데, 그가 바로 신라 제27대 왕인 선덕여왕입니다. 우리 역사상 최초로 여자 임금이 탄생한 것입니다. 이때가 632

년 정월이었습니다.

선덕여왕은 어려서부터 백성을 생각하는 마음이 남달랐습니다.

어느 해 여름, 신라 서쪽 지방에 큰 수해가 난 적이 있었습니다. 200여 명이 목숨을 잃고 3만여 채의 집이 물에 잠겼습니다. 수만 명의 수재민이 생겼지만 식량이 없어 굶주림에 시달려야 했습니다.

덕만공주는 왕과 왕비와 함께 저녁상 앞에 앉았지만, 숟가락과 젓가락을 선뜻 들지 않았습니다. 이때 왕이 왕비에게 말했습니다.

"공주가 입맛이 없는 모양이구려. 아무래도 공주에게 맛있는 음식을 시켜 줘야겠소."

그러자 공주는 고개를 저으며 말했습니다.

"아닙니다, 아바마마. 저는 오늘 수많은 수재민들이 굶주리고 있다는 소문을 들었습니다. 그들의 처지를 생각하니 도저히 밥을 먹을 수 없을 뿐입니다."

왕은 공주의 말을 듣고 가슴이 뭉클해졌습니다.

"백성을 생각하는 마음이 나보다 지극하구나. 너무 걱정하지 마라. 수재민들에게 식량을 나누어 줄 테니."

왕은 곧 수해 지역에 신하들을 보내, 수재민들에게 식량과 옷을 나누어 주도록 했습니다.

선덕여왕이 임금이 된 해에도 나라 안에 가뭄이 들었습니다.

백성들은 식량이 부족해 큰 어려움을 겪었습니다.
 이 소식을 들은 선덕여왕은 창고를 열어 백성들에게 식량을 나누어 주었습니다. 그뿐만 아니라 이듬해에는 백성들의 세금을 면제해 주었습니다.

**선덕여왕은 어떻게 하면
백성들이 잘 먹고 잘살 수 있을지
궁리를 거듭했습니다.**

'백성들이 잘 먹고 잘살려면 무엇보다 농사가 잘 되어야 한다.'
 이렇게 생각한 선덕여왕은 농사가 잘 되도록 도와 달라고 하늘에 제사를 지냈습니다. 또한 농사를 잘 지으려면 때맞춰 씨를 뿌리고 거두어들여야 하기에, 일기를 미리 점칠 수 있도록 별을 관측하는 시설을 만들도록 명했습니다. 이렇게 해서 돌을 다듬어 쌓은 것이 바로 첨성대입니다.
 첨성대가 만들어진 후로는 별을 관측함으로써 자연 재해를 미리 알 수 있었습니다. 따라서 농사에도 큰 도움이 되었습니다. 첨성대는 국보 31호로 지정되어 현재 경주시 인왕동의 반월성과 대릉원 사이에 서 있습니다. 세계에서 가장 오래된 천문대로서, 세계에 자랑할 만한 우리 문화 유산입니다.

한편, 선덕여왕은 또 이런 생각을 했습니다.

'백성들의 마음을 편안하게 해주고 나라를 안정시키려면, 모든 백성이 부처님의 가르침을 따라야 한다.'

그래서 선덕여왕은 신하들에게 명하여 경주 시내에 '분황사'라는 절을 짓게 했습니다. 분황사는 '향기로운 황제의 절'이라는 뜻입니다. 즉 여왕이 지은 절이라는 것을 이름에 밝혀 놓은 것입니다. 이 절을 짓는 데는 석공, 인부 등 무려 300여 명이 동원되었으며, 선덕여왕 3년(634년) 정월에 완성되었습니다.

선덕여왕은 분황사뿐 아니라 많은 절을 지었습니다. 임금의 자리에 있는 16년 동안 세운 절이 석장사, 통도사, 월정사 등 모두 25개나 된답니다.

643년, 당나라로 유학을 떠난 자장법사가 신라로 돌아왔습니다. 자장법사는 학덕이 높기로 소문난 스님이었습니다. 선덕여왕은 자장법사를 여왕의 고문인 '문교'에 임명했습니다.

어느 날, 자장법사는 선덕여왕 앞에 나아가 이렇게 말했습니다.

"여왕마마, 황룡사에 9층탑을 세웠으면 합니다."

"9층탑?"

"예, 제가 당나라에 있을 때 이런 이야기를 들었습니다. 궁궐 남쪽 황룡사에 9층탑을 세우면 일본, 말갈 등 이웃 나라들의 침략을 막을 수 있을 뿐 아니라, 왕조가 영원토록 평안할 것이라는……."

"오, 그게 정말이오? 그렇다면 9층탑을 세워야지."

선덕여왕은 반색을 하며 신하들을 불러 명령을 내렸습니다.

"황룡사에 거대한 목탑을 세우도록 하시오."

그렇게 해서 황룡사에는 목탑을 세우는 공사가 시작되었습니다. 이 일을 맡은 장인은 백제에서 가장 솜씨가 좋다는 아비지라는 사람이었습니다.

황룡사 9층 목탑은 2년 만인 645년에 완성되었는데, 높이가 무려 42척(약 80미터)에 이르는 웅장한 탑이었습니다. 제1층은 일본, 제2층은 중화, 제3층은 오월, 제4층은 탐라, 제5층은 응유, 제6층은 말갈, 제7층은 단국, 제8층은 여적, 제9층은 예맥을 부처님의 힘을 빌려 물리친다는 염원을 담았습니다.

이 시기 이웃 나라인 백제와 고구려는 신라의 임금이 여자라는 이유로 신라를 얕잡아보았습니다. 그래서 틈만 나면 신라를 공격하고 괴롭혔습니다.

선덕여왕 5년(636년) 겨울의 어느 날이었습니다.
 궁궐 서쪽에 있는 영묘사라는 절 앞에 '옥문지'라는 큰 연못이 있었는데, 난데없이 개구리 떼가 나타나 밤낮없이 시끄럽게 울어댔습니다.
 "이게 어찌 된 일이지? 개구리들이 겨울잠을 자지 않고 사흘 밤낮을 계속 울어대다니."
 "괴상한 일이네. 혹시 나라에 나쁜 일이 생길 징조 아닌가?"
 백성들은 모이기만 하면 걱정스러운 얼굴로 수군거렸습니다.
 선덕여왕은 이 소문을 듣고 각간인 알천과 필탄을 불렀습니다.

"두 대감은 지금부터 내가 시키는 대로 하시오. 날쌔고 용감한 병사 2천 명을 거느리고, 여기서 서쪽으로 50리 밖에 있는 '여근곡'이라는 골짜기로 가시오. 그러면 그 골짜기에 숨어 있는 백제 군사들을 발견하게 될 것이오."

"예? 그게 정말입니까? 당장 가서 백제군을 무찌르겠습니다."

알천과 필탄은 선덕여왕의 명령대로 병사 2천 명을 거느리고 여근곡으로 달려갔습니다. 그랬더니 과연 그곳에 백제 군사들이 숨어 있었습니다.

"공격하라! 한 놈도 살려 보내면 안 된다!"

알천과 필탄은 신라 병사들에게 공격 명령을 내렸습니다. 그러자 신라 병사들은 백제 군사들을 단숨에 무찔렀습니다.

"만세! 우리가 이겼다!"

신라 병사들은 함성을 질렀습니다.

알천과 필탄은 궁궐로 돌아와 선덕여왕에게 승전을 알렸습니다. 그리고는 궁금했던 일을 여쭈었습니다.

"여왕마마, 백제 군사들이 여근곡에 숨어 있다는 것을 어떻게 아셨습니까?"

선덕여왕이 웃으며 대답했습니다.

"두 대감도 생각해 보시오. 개구리는 성난 눈을 하고 있으니, 이는 군사의 모습이 아니겠소. 그리고 여자를 뜻하는 옥문은 곧 여근곡을 가리키고……. 게다가 옥문지의 얼음은 흰색이고, 흰색은 서쪽을 뜻하니 백제 군사들이 궁궐 서쪽에 있는 여근곡에 숨어 있을 거라고 짐작했지."

알천과 필탄은 선덕여왕의 지혜에 감탄했습니다.

"정말 대단하십니다. 여왕마마의 지혜는 제갈공명보다 뛰어나십니다."

**선덕여왕은 이렇게 지혜롭고 현명하여
백성들로부터 존경과 사랑을 받았습니다.**

선덕여왕과 관련해 또 이런 이야기가 전해 내려옵니다.

선덕여왕 때 지귀라는 총각이 있었습니다. 지귀는 활리역 사람인데, 서른 살이 다 되었는데도 결혼할 생각을 하지 않았습니다. 아직 마음에 드는 여자를 만나지 못했기 때문입니다.

어느 날, 지귀는 서라벌로 볼일을 보러 나갔다가 거리를 지나가게 되었습니다. 웬일인지 길에는 많은 사람들이 모여 있었습니다. 지귀는 무슨 일인가 싶어 한 사람을 붙잡고 물었습니다.

"외국에서 손님이라도 왔습니까? 왜 이렇게 사람들이 모여 있지요?"

"여왕님이 행차를 하셨답니다. 여왕님의 얼굴을 보려고 백성들이 몰려든 거예요."

"아, 그래요?"

지귀는 그때까지 여왕님을 본 적이 없었습니다. 그래서 여왕님이 어떻게 생겼는지 궁금해 북적거리는 사람들 속에 끼어들었습니다.

잠시 뒤, 주위가 시끌시끌해지더니 이런 소리가 들렸습니다.

"여왕마마, 행차시오!"

지귀는 목을 길게 빼고 소리나는 곳을 돌아보았습니다. 신하들을 거느린 선덕여왕이 가마를 타고 천천히 다가오고 있었습니다.

지귀는 선덕여왕의 얼굴을 보았습니다. 순간, 그는 넋을 빼앗기고 말았습니다.

'오, 여왕마마는 사람이 아니라 선녀로구나. 저렇게 아름다울 수가!'

지귀는 한참 동안 선덕여왕을 넋 나간 눈으로 바라보고만 있었습니다. 그 순간, 마치 꿈을 꾸는 것 같았습니다.

지귀는 그 날부터 아무 일도 할 수가 없었습니다. 눈을 뜨나 감으나 보이는 것은 오로지 선덕여왕의 아리따운 얼굴이었습니다.

지귀는 밥맛도 잃었습니다. 밥상은 거들떠보지도 않고 하루 종일 선덕여왕만 생각했습니다,

'아, 여왕마마……. 지금 어디에 계시나요?'

지귀는 밤잠도 잃었습니다. 선덕여왕만 애타게 찾으며 새벽까지 뒤척였습니다.

일 주일 만에 지귀를 만난 친구들은 깜짝 놀랐습니다. 지귀가 몰라보게 수척해져 있었기 때문입니다.

"자네 어디 아픈가? 얼굴이 형편없구먼."

지귀는 묻는 말에는 대답하지 않고 꿈꾸는 듯 혼자 중얼거렸습니다.

"아, 보고 싶어. 사랑하는 여왕마마를……."

그러자 친구들은 지귀가 무슨 병에 걸렸는지 알아차렸습니다.

"아니, 이 사람 보게. 상사병에 걸렸군그래. 큰일 났네, 큰일 났어. 상사병에는 약도 없다는데."

"하고 많은 여자 중에 하필 여왕마마를 짝사랑하다니. 이 친구, 미친 것 아니야?"

친구의 말대로 지귀는 점점 미쳐 갔습니다. 선덕여왕이 보고 싶다고 시도 때도 없이 중얼거리는가 하면, 혼자서 여기저기 헤매고 다녔던 것입니다.

그러던 어느 날이었습니다. 선덕여왕은 절에 불공을 드리러 가게 되었습니다. 궁전에서 그리 멀지 않은 곳에 있는 절이었습니다.

선덕여왕이 가마를 타고 절을 향해 가고 있는데 갑자기 주위가 소란스러워졌습니다.

선덕여왕은 시종을 불러 물었습니다.
"무슨 일이냐?"
"어떤 미친 사람이 앞으로 뛰어나오려고 해서……."
"미친 사람이라니, 그게 누구냐?"
"지귀라는 총각인데, 여왕마마를 너무 사모한 나머지 미쳤다고 합니다."
"으음, 그래? 나를 사모하다니, 참으로 고맙구나."

선덕여왕은 인자한 미소를 띠며 시종에게 명령했습니다.

"그 총각을 쫓아내지 말고 나를 따라오게 하라."

"예, 여왕마마."

명령을 전해들은 지귀는 기뻐서 입이 벌어졌습니다.

"여왕마마, 감사합니다."

지귀는 신바람이 나서 여왕의 가마 행렬을 따라갔습니다.

절에 도착한 선덕여왕은 법당 안으로 들어갔습니다.

지귀도 법당 안으로 따라 들어가려 하자, 시종들이 앞을 가로막았습니다.

"무엄하다. 어딜 감히 따라 들어가려 하느냐?"

지귀는 시종들에게 쫓겨 법당 밑에 있는 돌탑으로 갔습니다. 그는 돌탑 앞에 털썩 주저앉았습니다.

'여왕마마가 나오실 때까지 기다려야지.'

지귀는 하품을 하며 법당을 올려다보았습니다.

'왜 이리 졸립지? 계속 하품만 나오네.'

그동안 선덕여왕 때문에 잠도 못 자고 미쳐 돌아다닌 지귀는 저도 모르게 깊은 잠에 빠져들고 말았습니다.

그때 마침 선덕여왕이 법당에서 나왔습니다.

선덕여왕은 돌탑 앞에 쓰러져 잠든 지귀를 보았습니다.

"저 사람이 지귀냐?"

"예, 여왕마마."

선덕여왕은 곤히 잠든 지귀를 내려다보았습니다. 그 얼굴에는 미소가 감돌고 있었습니다.

선덕여왕은 갑자기 금팔찌를 벗었습니다. 그러더니 그 금팔치를 지귀의 가슴 위에 올려놓았습니다.

"이제 그만 가자."

"예, 여왕마마."

선덕여왕은 시종들을 거느리고 절을 떠났습니다.

지귀가 깨어난 것은 한참 뒤였습니다.

"아니, 이것은……?"

지귀는 선덕여왕이 법당에서 나와 이미 궁전으로 돌아갔다는 것을 알았습니다.

"아, 여왕마마……."

지귀는 선덕여왕이 남기고 간 금팔찌를 가슴에 꼭 품었습니다. 그러자 갑자기 가슴에 불이 일어나더니, 온몸을 활활 태웠습니다. 그리하여 지귀는 마침내 불귀신(화신)이 되어 버렸습니다.

이 소식을 들은 선덕여왕은 시를 지었습니다.

마음에 불이 일어나,
지귀는 온몸을 태워 버렸구나.

바다 멀리 나아가
다시는 나타나지 말아라.

그 뒤, 사람들은 이 시를 종이에 써서 벽에 붙였습니다. 그러면 불귀신을 쫓는 시 덕에 불 재앙을 면할 수 있었다고 전해집니다.

선덕여왕 때 신라는 백제와 고구려의 침입을 자주 받았습니다. 원래 삼국 중 신라의 영토가 가장 작고 국력이 약했던데다 백제가 한창 번성하고, 고구려는 남하정책을 펴던 시기였기 때문입니다. 심지어 642년에는 백제의 의자왕에게 40여 개의 성을 빼앗겼으며, 대야성(지금의 경남 합천)을 함락당하기도 했습니다.

하지만 선덕여왕에게는 믿음직스러운 두 신하가 있었습니다. 외교술이 뛰어난 김춘추와 명장 김유신이었습니다. 충성스러운 두 신하의 활약으로 신라는 위기에서 벗어날 수 있었습니다.

647년 정월, 상대등 벼슬에 있던 비담과 염종이 반란을 일으켰을 때도 김유신과 김춘추가 나서서 이들을 진압했습니다.

선덕여왕에게는 앞날을 내다보는 능력이 있었습니다.

어느 날, 선덕여왕은 신하들이 모인 자리에서 말했습니다,

"나는 임금의 자리에 앉은 지 16년이 되는 해 정월 초여드렛날에 죽을 것이오. 내가 죽으면 도리천에 묻어 주시오."

　　신하들을 어리둥절해하며 서로 얼굴을 보았습니다. 선덕여왕이 죽을병에 걸린 것도 아니었기 때문입니다.
　　한 신하가 물었습니다.
　　"도리천이 어디 있습니까?"
　　"낭산 남쪽에 있소."
　　과연 여왕의 예언은 그대로 이루어졌습니다. 선덕여왕이 갑자기 병에 걸려 647년(선덕여왕 16년) 정월 8일에 세상을 떠난 것입니다.
　　신하들은 여왕의 유언대로 낭산 남쪽에 선덕여왕을 장사지냈습니다.
　　그로부터 10여 년이 흐른 뒤, 문무왕은 선덕여왕의 무덤 아래

　쪽에 '사천왕사'라는 절을 세웠습니다. 불경에 '사천왕사 위에 도리천이 있다'라고 했으니, 선덕여왕은 이미 10여 년 전에 문무왕이 낭산 남쪽에 사천왕사를 세울 줄을 미리 알고 있었던 것입니다. 게다가 자신이 죽는 날도 알아맞혔으니, 사람들은 선덕여왕의 지혜에 혀를 내둘렀습니다.

　선덕여왕은 16년 동안 나라를 잘 다스렸습니다. 이때 선덕여왕이 김춘추, 김유신 같은 인재를 길러 내고 어려움을 잘 이겨 냈기에, 뒷날 신라는 삼국을 통일할 수 있었습니다.

왕비 편

여성 위인전

고구려, 백제를 세운 왕비

소서노

기원전 66~기원전 6, 계루부 부족장 연타발의 딸이자, 백제의 시조인 온조와 비류의 어머니이다. 기원전 37년 2월 주몽이 동부여에서 계루부로 오자 주몽과 결혼하였으며, 기원전 37년 10월 주몽과 함께 졸본 땅에 고구려를 세우고 왕비가 되었다. 기원전 19년 주몽이 세상을 떠나고 유리가 왕위에 오르자, 온조, 비류 형제를 데리고 남쪽으로 내려가 온조와 함께 한수 지역에 하남 위례성을 쌓고 십제(뒤에 백제로 이름을 바꿈)를 세웠다.

주몽은 하느님의 아들 해모수와 물을 다스리는 신인 하백의 딸 유화 사이에서 태어났습니다. 알을 깨고 나왔는데, 어찌나 총명한지 한 달도 못 되어 벌써 말을 했습니다.

"어머니, 파리들이 귀찮게 굴어 도저히 잠을 못 자겠어요. 저를 위해 활과 화살을 가져다 주세요."

아이의 말을 듣고 어머니 유화부인은 활과 화살을 구해 주었습니다.

아이는 그 날부터 파리 사냥을 시작했습니다. 파리를 보는 족족 활을 쏘아 맞히는데, 백발백중의 귀신같은 솜씨였습니다.

이 솜씨를 보고 유화부인은 아들에게 이름을 지어 주었습니다.

"오늘부터 네 이름은 주몽이다, 주몽. 알겠지?"

당시 부여에서는 활 잘 쏘는 사람을 주몽이라 하였기 때문입니다.

유화부인은 동부여의 금와왕이 자신의 궁전에 살 집을 마련해 주어 아들과 함께 살고 있었습니다. 주몽은 유화부인의 사랑을 받으며 씩씩하게 자라 어느 새 어깨가 떡 벌어진 젊은이가 되었습니다.

어릴 적의 활솜씨를 부지런히 갈고 닦은 주몽은 이 무렵 천하 제일의 활솜씨를 자랑했습니다. 그의 재주를 능가하는 사람은 아무도 없었습니다.

금와왕에게는 일곱 아들이 있었는데, 이들에게는 주몽이 눈엣가시였습니다. 그들은 틈만 나면 이렇게 수군거렸습니다.

"주몽은 언제 무슨 짓을 할지 몰라. 그놈은 알에서 나왔거든. 아버지가 돌아가시면 우리 형제들을 죽이고 왕 자리에 앉을지도 모르지."

일곱 왕자는 주몽의 재주가 워낙 뛰어나자 불안해했습니다. 그래서 주몽을 없앨 궁리를 했습니다.

어느 날, 큰아들 대소가 금와왕에게 말했습니다.

"아바마마, 주몽을 그대로 두어서는 안 됩니다. 들리는 소문에 의하면 주몽이 임금의 자리를 노리고 있다고 합니다. 일찍 죽여 없애는 것이……."

"허허, 말도 안 되는 소리……. 너는 그까짓 허튼 소문을 믿는단 말이냐? 주몽은 은혜를 배신으로 갚을 사람이 아니다."

금와왕은 큰아들의 건의를 물리치고 주몽에게 말 기르는 일을 맡겼습니다.

주몽은 좋은 말과 나쁜 말을 분별할 줄 알았습니다. 그래서 가장 좋은 말은 혀에 바늘을 꽂아 두어 일부러 못 먹게 만들고, 나쁜 말들은 잘 먹였습니다. 그러자 가장 좋은 말은 여위어 뼈만 앙상해졌고, 나쁜 말들은 피둥피둥 살이 쪘습니다.

얼마 뒤, 금와왕이 마구간에 들렀습니다. 금와왕은 거의 모든 말이 살쪄 있는 것을 보고 몹시 기뻐했습니다. 그래서 금와왕은 주몽에게 상으로 여윈 말을 주었습니다.

이 무렵 주몽은 장가를 들어 아내를 두고 있었습니다. 그의 아내 예씨부인은 임신 중이었습니다.

하루는 유화부인이 주몽을 불러 말했습니다.

"왕자들과 여러 신하들이 너를 해치려 하니 어서 이곳을 떠나거라. 네가 가진 재주와 지혜라면 장차 큰일을 할 수 있을 것이다."

"어머니!"

주몽은 눈물을 흘렸습니다.

"울지 말아라. 먼 길을 떠나려면 좋은 말이 있어야 한다. 내가 직접 말을 골라 주마."

유화부인은 주몽을 마구간으로 데리고 갔습니다. 그리고는 마구간 문을 열고 채찍을 휘둘러 말들을 마구 때렸습니다. 그러자 말들은 마구간에서 뛰쳐나와 달아나기 시작했습니다. 유화부인과 주몽은 말들을 쫓아갔습니다.

말들 가운데 두 길이나 되는 난간을 뛰어넘어 달아나는 말이 있었습니다. 주몽이 혀에 바늘을 꽂아 두어 일부러 못 먹게 했던 그 말이었습니다. 유화부인은 그 말을 붙잡아 주몽에게 주었습니다. 그리고 쌀, 보리, 조, 콩, 기장 등 오곡의 씨를 챙겨 주었습니다.

주몽은 그 날 밤 떠나기로 하고 세 청년을 집으로 불렀습니다. 오이, 마리, 협부가 찾아왔습니다. 이들은 주몽을 따르는 동지들이었습니다.

주몽은 떠나기 전에 칼을 두 동강 내어, 한 동강을 아무도 모르는 곳에 감춰 두었습니다. 그리고는 아내 예씨부인에게 말했습니다.

"뒷날 나에 대한 소식을 듣게 될 것이오. 아들을 낳으면 나한테 보내시오. 내가 일곱 고개와 일곱 골짜기가 진 돌 위의 소나무 사이에 감춰 둔 물건이 있는데, 그것을 찾아 가져와야 하오. 그래야만 아들로 인정할 거요."

주몽은 작별 인사를 끝낸 뒤 유화부인이 골라 준 말을 마구간에서 꺼냈습니다. 그리고는 세 청년과 함께 말을 타고 궁전을 떠났습니다. 그들은 남으로 남으로 말을 달렸습니다.

새벽녘쯤 왕자들은 주몽이 달아난 것을 알아차렸습니다.

"주몽을 뒤쫓아라. 멀리 달아나지는 못했을 거다."

왕자들은 병사들을 이끌고 주몽의 뒤를 쫓기 시작했습니다.

한참을 달린 주몽 일행은 강가에 다다랐습니다. 압록강 동북쪽에 있는 엄체수라는 곳이었는데, 그곳에는 배도 한 척 없었습니다.

주몽 일행이 강을 건너지 못해 발을 동동 구르고 있을 때였습니다.

"주몽이 저기 있다! 잡아라!"

하는 고함 소리가 뒤에서 들려왔습니다. 일곱 왕자와 병사들이었습니다.

주몽은 눈앞이 캄캄해졌습니다. 꼼짝없이 붙잡히게 된 것입니다.

주몽은 하늘을 우러러보며 혼자 중얼거렸습니다.

"하느님, 저를 구해 주십시오. 저는 해모수의 아들이니 하느님의 손자 아닙니까. 그리고 어머니는 물의 신인 하백의 딸입니다. 부디 저를 위해 다리를 놓아 주십시오."

기도를 끝내자 갑자기 희한한 일이 벌어졌습니다. 물고기와 자라들이 떼 지어 나타나 다리를 만들어 준 것입니다.

주몽 일행은 재빨리 그 위를 걸어 강을 건넜습니다.

추격해 온 병사들은 놀란 눈으로 그 광경을 지켜보았습니다.

"우리도 건너자."

대소 태자가 이렇게 말하며 강가로 다가섰습니다. 그러자 물고

기와 자라들이 흩어져 물 속으로 사라져 버렸습니다.

"아뿔싸, 이 일을 어찌 한담."

대소 태자는 강 건너편에서 멀어져 가는 주몽을 바라보며 탄식했습니다.

주몽은 유유히 강가를 벗어나 졸본 땅으로 갔습니다. 이때가 기원전 37년 2월이었습니다.

졸본 땅에는 여러 부족이 살고 있었는데, 그 가운데 가장 큰 부족은 계루부였습니다.

주몽은 부하들과 함께 계루부를 찾아갔습니다. 계루부 부족장은 연타발이라는 사람이었습니다. 그는 장사를 잘해 엄청난 재물을 모은 갑부였습니다.

주몽은 연타발에게 공손히 절을 하며 말했습니다.

"저는 동부여에서 온 주몽이라고 합니다. 앞으로 잘 부탁드립니다."

연타발은 눈을 크게 뜨고 주몽을 바라보았습니다.

'으음, 체격이 건장하고 영특하게 생겼군.'

연타발은 주몽이 보통 젊은이가 아니라는 걸 한눈에 알아보았습니다.

그런데 연타발 곁에는 주몽을 뜨거운 눈길로 바라보는 여인이

있었습니다. 바로 연타발의 딸인 소서노였습니다.

　소서노는 이미 한 번 결혼을 했던 여인이었습니다. 그의 남편은 북부여왕 해부루의 서손이었던 우태로, 여러 해 전에 세상을 떠났습니다. 그래서 두 아들 비류와 온조를 키우며 살고 있었습니다.

　소서노는 주몽에게 첫눈에 반했습니다. 얼마 뒤 주몽의 빼어난 활솜씨를 보고는 더욱 그에게 마음을 빼앗겨 버렸습니다. 하지만 소서노는 선뜻 주몽에게 다가가지 못했습니다.

　'나는 주몽보다 나이가 많아. 주몽은 스물한 살이지만 나는 서른두 살이잖아. 게다가 나는 두 아들을 둔 과부이고……. 주몽도 동부여에 임신한 아내를 두고 왔다던데…….'

　가슴앓이를 하는 것은 주몽 역시 마찬가지였습니다. 주몽은 소서노를 처음 본 순간 사랑을 느꼈던 것입니다.

　소서노에게 먼저 다가간 것은 주몽이었습니다. 두 사람은 서로 뜨겁게 사랑했고 마침내 결혼하기에 이르렀습니다.

　소서노에게는 한 가지 소원이 있었습니다. 졸본 땅에 있는 여러 부족을 통합하여 나라를 세우는 것이었습니다.

　"우리, 이 땅에 나라를 세워요. 둘이 힘을 합치면 얼마든지 할 수 있어요."

　주몽은 동부여에서 맨몸으로 온 사람이었습니다. 따라서 세력이 작고 재물도 없어, 혼자서는 나라를 세울 수 없었습니다. 그러나 소서노가 돕는다면 그것은 아주 쉬운 일이었습니다.

　소서노는 아버지를 움직여 어머어마한 재물을 나라를 세우는 데 썼습니다. 성을 쌓고 궁전을 지었으며, 대장간을 세워 무기를 만들었습니다. 또한 주몽을 그림자처럼 따라다니며 여러 부족과 협상을 하고, 때로는 전쟁도 벌였습니다.

그렇게 해서 소서노와 주몽은 기원전 37년 10월, 졸본 땅에 나라를 세울 수 있었습니다.

　두 사람은 나라 이름을 '고구려'라 칭하고 왕과 왕비가 되었습니다. 이때부터 주몽은 자신의 성을 고씨라 했습니다.
　세월은 빠르게 흘렀습니다. 그동안 소서노와 주몽은 기원전 36년 비류국 송양왕의 항복을 받았고, 기원전 33년에는 행인국을 정복했으며, 기원전 28년에는 북옥저를 멸망시켰습니다.

　그러던 어느 날이었습니다. 나라의 기틀을 잡아갈 무렵, 동부여에서 주몽의 아들 유리가 어머니 예씨부인과 함께 찾아왔습니다.
　유리는 일곱 고개와 일곱 골짜기가 진 돌 위의 소나무 사이에 감춰 둔 물건을 가지고 왔습니다. 일곱 고개와 일곱 골짜기는 일곱 모난 주춧돌을 말합니다. 자신의 집 기둥이 바로 일곱 모난 주춧돌 위에 세워진 소나무 기둥이었던 것입니다. 유리는 그 기둥 위에 난 구멍에서 아버지가 감춰 둔 칼 한 동강을 찾아낸 것입니다.

주몽은 유리가 바친 칼 한 동강을 자신이 갖고 있던 나머지 칼 동강과 맞춰 보았습니다. 정확히 맞았습니다.

"오, 내 아들이 틀림없구나!"

"아버지!"

주몽은 유리를 얼싸안고 감격의 눈물을 흘렸습니다.

그는 뒤늦게 찾은 아들을 태자로 삼았습니다. 그리고 동부여에서 온 예씨부인을 왕비로 임명했습니다.

소서노는 큰 배신감을 느꼈습니다.

'고구려는 주몽과 내가 세운 나라야. 그런데 나와는 의논 한 마디 하지 않고 유리를 태자로 삼다니……. 게다가 나를 왕비의 자리에서 물러나게 하고…….'

소서노는 앞날이 걱정되었습니다. 만약에 주몽이 세상을 떠나 유리가 왕위에 오른다면, 자신과 두 아들을 해치려 할지 모르는 일이었습니다.

기원전 19년, 주몽은 마흔 살의 나이로 갑자기 세상을 떠났습니다. 유리를 태자로 삼은 지 반 년 만이었습니다. 그리하여 유리가 그 뒤를 이어 왕위에 올랐습니다.

이렇게 되자 비류와 온조는 극히 불안해졌습니다. 도저히 유리왕이 자신들의 울타리가 되어 줄 것 같지 않았기 때문입니다.

하루는 비류가 온조를 불러 말했습니다.

"온조야, 주몽왕이 동부여에서 이곳으로 도망쳐 왔을 때, 어머니는 전 재산을 쏟아 부어 나라를 세우지 않았느냐?"

"그럼요. 어머니야말로 고구려를 세운 일등 공신이지요."

"하지만 동부여에서 예씨부인과 유리가 와서 어머니는 어떻게 되었니? 어처구니없게도 왕비 자리에서 쫓겨나시고 말았잖니."

"주몽왕이 돌아가신 뒤 우린 더욱 찬밥 신세가 되었어요. 유리왕은 우리를 혹처럼 여기고 있잖아요."

"이렇게 사느니 차라리 어머니를 모시고 이곳을 떠나자. 남쪽으로 내려가 우리끼리 마음 편하게 사는 거야."

"좋습니다, 형님."

비류와 온조는 어머니를 찾아가 자신들의 뜻을 전했습니다. 그러자 소서노는 고개를 끄덕였습니다.

"그래, 잘 생각했다. 고구려를 떠나 우리가 살 땅을 찾아보자꾸나."

비류, 온조 형제와 소서노는 곧 여장을 꾸려 오간, 마려, 을음, 해루, 흘우 등 충성스러운 신하 열 명과 함께 길을 떠났습니다.

그들은 남쪽으로 향했습니다. 길을 가는 동안 많은 백성들이 따랐습니다.

　일행은 한산(지금의 경기도 광주)에 이르러 부아악(삼각산)에 올라갔습니다. 그리고 어디 살 만한 곳이 없나 지형지세를 살폈습니다.

　이때 비류가 시큰둥한 얼굴로 말했습니다.

　"나는 산이 싫어. 산 넘어 산이니 힘들고 답답해서 어디 살겠나. 나는 바닷가에서 살고 싶어. 맛있는 생선을 실컷 먹을 수 있으니 얼마나 좋아."

오간이 말했습니다.

"비류 왕자님, 이 하남이 얼마나 좋은 곳인지 아십니까? 저기 북쪽을 보십시오. 한수(한강)가 유유히 흐르고 있고, 동쪽으로는 높은 산이 우뚝 솟아 있습니다. 그리고 남쪽으로는 기름진 들판이 펼쳐져 있으며, 서쪽에는 큰 바다가 있습니다. 이곳이야말로 좀처럼 얻기 힘든 천연 요새입니다. 여기에 도읍을 정한다면 아무도 우리나라를 넘보지 못할 것입니다."

"저희들도 같은 의견입니다."

신하들은 너나없이 이곳에 나라를 세워야 한다고 간했습니다.

온조가 비류에게 말했습니다.

"형님, 제가 보기에도 이만한 곳은 두 번 다시 찾기 어려울 것 같습니다."

"온조 말이 맞다. 여기에 도읍을 정하도록 하자."

소서노도 찬성의 뜻을 밝혔습니다.

그러나 비류는 얼굴을 찡그렸습니다.

"저는 싫습니다. 바닷가에 가서 살렵니다."

비류는 끝까지 고집을 부리며 자기를 따르는 백성들을 데리고 서쪽으로 향했습니다. 그는 서해안에 면한 미추홀(지금의 인천)로 가서 살았습니다.

그러나 소서노는 온조와 함께 한수 유역에 하남 위례성(지금의 서울시 풍납토성)을 쌓고 '십제'라는 나라를 세웠습니다. 10명의 신하가 보필한다고 해서 나라 이름을 그렇게 지은 것입니다.

소서노는 주몽과 고구려를 세운 경험이 있었습니다. 그래서 도읍으로 정한 하남 위례성을 백성들이 편하게 살 수 있는 곳으로 만들었습니다. 이렇게 해서 소서노는 나라를 두 번이나 세운, 남자도 하기 힘든 위업을 달성한 것입니다.

한편, 비류가 옮겨 간 미추홀은 사람 살 곳이 못 되었습니다. 물이 짜고 땅이 습하여 편안히 살 수가 없었습니다.

이렇게 되자 백성들에게서 불평의 소리가 터져 나왔습니다.

"마실 물이 있나, 농사를 제대로 지을 수가 있나. 이런 곳에서 어떻게 살라는 거야?"

"잘못했어. 소서노 왕비님과 온조 왕자님을 따라가는 건데. 그분들이 하남 위례성에 도읍을 정하고 십제라는 나라를 세우셨대. 그런데 땅이 얼마나 기름지고 좋은지, 백성들이 실컷 먹고 배를 두드리며 산다는 거야."

"그래? 소서노 왕비님과 온조 왕자님을 따라간 사람들은 정말 좋겠다."

비류도 하남 위례성에 대한 소문을 들었습니다. 그때는 그도 미추홀에 온 것을 몹시 후회하고 있던 참이었습니다.

비류는 하남 위례성에 가 보았습니다. 소문대로 그곳 사람들은 태평성대를 누리고 있었습니다.

비류는 탄식했습니다.

"아, 어머니와 아우의 말을 들을 것을……. 공연한 고집을 피워 백성들을 힘들게 했다니……. 내가 어리석었구나."

비류는 자신을 질책하고 미추홀로 돌아왔습니다. 그리고 얼마 뒤에 스스로 목숨을 끊고 말았습니다.

비류의 백성들은 곧 미추홀을 떠나 하남 위례성으로 가서 소서노와 온조의 백성이 되었습니다. 소서노와 온조는 백성들이 돌아와 기쁘다며 나라 이름을 '백제'로 고쳤습니다.

소서노는 온조와 함께 백제의 영토를 넓히는 데 온힘을 기울였습니다. 그리고는 기원전 6년(온조왕 13년)에 세상을 떠났습니다.

온조왕은 기원전 2년 4월에 국모묘를 세웠습니다. 국모묘는 고구려, 백제 건국의 어머니인 소서노를 신으로 모신 사당이었습니다.

역사학자인 단재 신채호는 〈조선상고사〉라는 책에서, 소서노에 대해 이렇게 기록했습니다.

소서노는 조선사상의 유일한 여제왕의 창업자일 뿐 아니라, 고구려, 백제 두 나라를 세운 사람이다.

왕비 편

수로왕과 함께
가야국을 다스린 왕비

허황후

?~?, 인도 아유타국의 공주로, 부모의 명을 받고 가락국으로 와서 수로왕과 결혼하여 황후가 되었다. 오랜 가뭄으로 굶주리는 백성들이 늘어나자 아유타국에서 가져온 금은보화를 팔아 곡식을 마련해 백성들에게 나누어 주었다. 수로왕의 부탁으로 가야국을 함께 다스렸으며, 백성들을 자식처럼 사랑하여 백성들로부터 존경을 받았다.

옛날 한반도 남쪽에 있는 가야 지역에는 나라 이름도 없고, 임금도 신하도 없었습니다. 다만 아홉 마을로 나뉘어 아도간, 여도간, 피도간, 오도간, 유수간, 유천간, 신천간, 오천간, 신귀간 등 아홉 명의 우두머리가 백성들을 다스리고 있었습니다. 백성들은 모두 7만 5천 명이었습니다.

기원전 42년 3월 어느 날이었습니다. 농사를 앞두고 동쪽 개울에서 몸을 깨끗이 씻은 아홉 명의 우두머리와 백성들은 북쪽의 구지봉으로 갔습니다. 풍년을 비는 제사를 지내기 위해서였습니다.

이들이 정성껏 준비한 음식을 제단에 차려 놓았을 때 어디선가 이런 소리가 들렸습니다.

"거기에 누가 있느냐? 사람이 있느냐, 없느냐?"

그 자리에 모인 사람들은 깜짝 놀랐습니다. 사람의 모습은 보이지 않고 허공에서 이상한 소리만 들려왔기 때문입니다.

"왜 아무 대답이 없느냐? 거기에 사람이 있느냐니까!"

아홉 명의 우두머리는 허둥지둥 대답했습니다.

"예, 저희들이 여기 있습니다. 저희들은 사람입니다."

"거기가 어디냐?"

"여기는 구지봉 아래입니다."

"너희들은 내 말을 잘 들어라. 하느님께서는 내게 이곳에 나라를 세우고 임금이 되라는 명령을 내리셨다. 구지봉 꼭대기의 흙을 파면서 이런 노래를 불러라.

거북아, 거북아
머리를 내밀어라.
내밀지 않으면
잡아서 구워 먹겠다.

노래를 부르며 신나게 춤을 추어라. 그러면 너희들은 임금을 맞이하게 될 것이다."

아홉 명의 우두머리는 시키는 대로 구지봉 꼭대기로 올라가, 흙을 파면서 노래하고 춤을 추었습니다. 그러자 하늘에서 자줏빛 줄이 내려왔는데, 그 줄 끝에는 붉은 비단 보자기에 싸인 황금 상자가 매달려 있었습니다.

아홉 명의 우두머리는 붉은 비단 보자기를 풀고 황금 상자를 열어 보았습니다. 그 안에는 둥근 황금 알이 여섯 개나 들어 있었습니다.

사람들은 두렵고 떨리는 마음으로 황금 상자 앞에 무릎을 꿇었습니다. 그리고는 황금 알들을 향해 수없이 절을 했습니다.

아홉 명의 우두머리는 황금 상자를 아도간의 집에서 보관하기로 하고 각자 집으로 돌아갔습니다.

다음 날, 아도간의 집에 다시 모인 우두머리들은 황금 상자를 열어 보았습니다.

"앗!"

그들은 눈이 화등잔만 해졌습니다. 여섯 개의 황금 알은 간 데 없고, 여섯 명의 남자아이가 상자 속에 앉아 있었던 것입니다. 남자아이들은 모두 씩씩하게 생겼습니다. 우두머리들은 이들을 상위에 앉히고는 공손히 절을 했습니다.

"우리들의 임금이시여, 잘 오셨습니다."

남자아이들은 빠르게 자라났습니다. 십여 일이 지나자 거인으로 변해 있었습니다. 그 중에서도 알에서 가장 먼저 나온 아이는 키가 무려 9척이나 되었습니다.

우두머리들은 가장 먼저 나왔다고 하여 이 아이 이름을 '수로'라 지었습니다. 그리고 황금 알에서 나왔다고 하여 김씨 성을 붙여 주었습니다.

그들은 김수로를 임금으로 모셨습니다. 이 사람이 바로 수로왕으로, 뒷날 금관가야로 불리는 대가락국 또는 가야국을 다스렸습니다.

수로왕과 함께 알에서 나온 다섯 사람도 다섯 가야의 임금이 되었습니다. 다섯 가야는 대가야, 성산가야, 아라가야, 소가야, 고령가야입니다.

수로왕이 왕위에 오른 지 어느 새 7년이 지났습니다. 그러나 수로왕은 그때까지도 결혼하지 않아 왕비가 없었습니다.

아홉 명의 신하는 수로왕을 찾아와서 말했습니다.

"임금님, 왜 결혼을 안 하십니까? 왕비가 없는 나라는 우리나라밖에 없을 겁니다. 마땅한 배필이 없으시면 저희에게 맡기십시오. 저희 딸들 가운데서 가장 아름다운 처녀를 골라 임금님께 바치겠습니다."

수로왕이 단호하게 말했습니다.

"싫소. 나는 하늘에서 내려왔으니 내 짝도 하느님이 구해 주실 것이오. 그러니 그대들은 너무 걱정하지 마시오."

그러던 어느 날이었습니다. 수로왕이 신하들을 불러 명했습니다.

"유천간은 배와 말을 이끌고 망산도에 가서 기다리시오. 그리고 신귀간은 승점 고개에 가 있으시오."

망산도에 간 유천간은 바다를 보고 있다가 갑자기 소리쳤습니다.

"배가 온다! 횃불을 올려라!"

유천간은 바다 서남쪽에서 붉은 깃발을 휘날리며 오는 배를 본 것입니다. 그것은 허황옥 공주 일행의 배였습니다.

허황옥은 인도 아유타국의 공주입니다.

아유타국의 왕은 허황옥을 몹시 사랑하여, 딸이 태어났을 때 이런 결심을 했습니다.

'세상에서 가장 훌륭한 신랑감을 구해 줘야지.'

그래서 언제부턴가 똑똑한 사내아이를 보면 눈여겨보는 버릇이 생겼습니다.

허황옥이 16세가 되자, 왕은 사윗감을 찾아 발 벗고 나섰습니다. 하지만 마음에 드는 젊은이를 찾을 수가 없었습니다.

어느 날, 왕은 잠자리에 들었다가 희한한 꿈을 꾸었습니다. 하느님이 바람처럼 나타나 이렇게 말하는 것이었습니다.

"공주를 배에 태워 가야국으로 보내라. 가야국에는 내가 하늘에서 내려보내 임금이 된 김수로가 있다. 그는 아직 신부를 얻지 못했으니 공주를 보내 그와 결혼시켜라."

다음 날 아침, 왕은 꿈이 하도 이상해 왕비에게 그 내용을 이야기해 주었습니다. 그러자 왕비도 깜짝 놀라며 이런 말을 했습니다.

"어머나! 나도 똑같은 꿈을 꿨는데……."

그러니까 하느님은 부부의 꿈에 모두 나타난 겁니다.

왕과 왕비는 하느님의 뜻을 거스를 수 없었습니다. 그래서 허황옥을 가야국으로 보내기로 하고 항해 준비를 서둘렀습니다.

신보, 조광 등 왕이 가장 신임하는 신하 두 명과 그들의 아내 모정, 모량, 그리고 시종, 노비 스무 명이 따라가기로 했습니다.

허황옥 일행은 배 안에 금은보화와 비단, 옷 등을 가득 싣고 인도를 출발했습니다. 아유타국에서 가야국까지는 뱃길로 2만 5천 리였습니다.

공주 일행이 가야국에 도착해 배에서 내리자, 그 소식이 수로왕에게 전해졌습니다.

"귀한 분들이 왔으니 대궐로 모셔 오너라."

수로왕의 명령에 따라 신하들이 허황옥에게 가서 그를 대궐로 모셔 가려고 했습니다. 그러자 허황옥은 엄한 표정을 지으며 말했습니다.

"물러가시오. 그대들이 누구인지 전혀 모르는데, 어찌 함부로 따라갈 수 있겠소?"

신하들이 수로왕에게 가서 허황옥의 말을 그대로 전했습니다. 그제야 수로왕은 대궐에서 나와 허황옥을 만나러 갔습니다.

허황옥은 수로왕을 만나자마자 정중하게 말했습니다.

"저는 인도의 아유타국에서 온 허황옥 공주입니다. 하느님이 부모님의 꿈에 나타나 저를 가야국 왕의 신부로 보내라 하셨습니다. 그래서 제가 이렇게 찾아왔습니다."

수로왕이 말했습니다.
"나는 당신이 먼 곳에서 올 줄을 미리 알고 있었소. 그래서 신하들의 청도 물리치고 당신만을 기다리고 있었던 거요."
수로왕과 허황옥은 바로 결혼식을 올렸습니다. 그리하여 허황옥은 수로왕의 왕비인 허황후가 되었습니다.
수로왕은 허황후를 모시고 온 신보, 조광에게 살 집을 마련해 주었습니다. 그리고 허황후가 아유타국에서 가져온 수많은 금은보화는 창고에 넣어 두어, 그 창고 열쇠를 허황후에게 주었습니다.
허황후는 이 금은보화를 백성들을 위해 모두 썼습니다. 오랜 가뭄으로 굶주리는 백성들이 늘어나자 금은보화를 팔아 곡식을 마련해 백성들에게 나누어 준 것입니다.
허황옥은 백성들을 자식처럼 사랑했습니다. 그리하여 모든 백성이 허황옥을 존경하고 우러러보았습니다.

수로왕은 가야국을 혼자서 다스리기가 힘에 겨웠습니다. 그래서 허황후에게 부탁하여 함께 나라를 다스렸습니다.

허황후는 수로왕과의 사이에서 일곱 아들을 낳았습니다. 그 중에서 곰을 얻는 꿈을 꾸고 낳은 맏아들 거등은 가락국의 제2대 왕이 되었습니다. 그는 신보의 딸 모정을 왕비로 삼았습니다. 제3대 마품왕의 왕비는 조광의 손녀 호구가 되었는데, 이로써 가야국의 왕비는 허황후를 따라온 아유타국 사람들의 후손이 맡는 전통이 생겼습니다.

허황후는 일곱 아들 가운데 한 아들에게 자신의 성을 물려주었습니다. 그래서 이 아들은 허씨가 되어 김해 허씨의 시조가 되었습니다. 이때부터 김해 김씨와 김해 허씨는 조상이 같은 한 핏줄이라고 서로 결혼하지 않게 되었다고 합니다.

허황옥은 157세에 세상을 떠났는데, 백성들은 모두 땅이 무너진 것처럼 슬퍼했습니다.

수로왕 역시 날마다 슬픔에 젖어 지내다가, 그로부터 십 년 뒤에 조용히 숨을 거두었습니다.

왕비 편

여성 위인전

일제와 당당히 맞선
조선의 국모

명성황후

1851~1895, 조선 제26대 고종의 왕비이자, 조선 제27대 마지막 왕인 순종의 어머니이다. 성이 민씨이고 이름은 자영이다. 그래서 민비라고 불리기도 한다. 민치록의 외동딸로 경기도 여주에서 태어나, 1866년 16세의 나이로 고종과 결혼하여 왕비가 되었다. 흥선 대원군이 물러나고 고종이 직접 나라를 다스리게 되자, 고종을 도와 개화 정책을 펼치고 다른 나라와 조약을 맺게 하는 등, 쇄국 정책을 접고 나라 문을 열어 선진 문물을 받아들이게 했다. 일본을 견제하기 위해 러시아의 힘을 빌리려고 하자, 이에 불안을 느낀 일본이 을미사변을 일으켜 참혹하게 살해당했다.

1866년(고종 3년) 1월 1일, 조선에서는 금혼령이 내려졌습니다. 12세부터 17세까지의 처녀들은 당분간 결혼을 해서는 안 된다는 것이었습니다.

나라에 금혼령이 내려진 것은 왕의 배필인 왕비를 뽑기 위해서였습니다. 이 일을 맡을 임시 관청인 가례도감이 설치되었고, 관례에 따라 초간택, 재간택, 삼간택이 이루어졌습니다. 이렇게 해서 왕비로 뽑힌 것이 과천 현감, 덕천 군수, 영천 군수 등을 지낸 민치록의 외동딸 자영이었습니다.

민자영은 1851년(철종 2년) 9월 25일 경기도 여주군 근동면 섬락리에서 태어났습니다. 민자영이 태어나던 날, 집 주위에는 구슬처럼 밝고 아름다운 자색 빛이 뻗쳤습니다. 그래서 자영(紫英)이라는 이름을 얻었습니다.

자영의 집안은 조선 시대에 왕비를 여럿 배출한 여흥 민씨 가문이었습니다. 세종대왕을 낳은 태종의 왕비 원경왕후와 숙종의 왕비 인현왕후가 이 가문 출신이었습니다.

자영의 아버지 민치록은 아들을 낳지 못하자 대를 이으려고, 흥선 대원군 이하응의 장인인 민치구의 둘째 아들 민승호를 양자로 맞이했습니다. 민승호는 자영보다 스물두 살이나 많았습니다. 자영은 여덟 살 때 아버지를 여의고는 양오빠 민승호를 아버지처럼 믿고 따랐습니다.

자영은 이 무렵 서울로 올라와 어머니 한산 이씨와 감고당에서 살았습니다. 감고당은 인현왕후가 태어나 살았던 안국동 옛집으로, 흥선 대원군이 사는 운현궁과는 엎드리면 코 닿을 데에 있었습니다.

흥선 대원군의 부인인 부대부인 민씨는 자영의 양오빠인 민승호의 누나였습니다. 나라에서 금혼령이 내려지자 민씨는 대원군에게 말했습니다.

"우리 여흥 민씨 가문에 좋은 규수가 있습니다. 제 동생 승호가 양자로 들어간 집안의 외동딸 자영이라는 처녀인데, 돌아가신 아버지에게 어려서부터 학문을 배웠다는군요. 아주 총명하고 슬기로워 명문 집안의 따님과 견주어 봐도 못한 점이 없습니다."

대원군은 부인의 추천을 받고 생각에 잠겼습니다.

'으음, 아버지와 친형제가 없으니, 왕비가 되더라도 외가 쪽 친척의 세도 정치는 하지 못하겠군. 양오빠인 민승호가 있긴 하지만 나의 처남 아닌가. 흠, 그만하면 며느릿감으로 충분해.'

대원군은 자영을 며느릿감으로 점찍어 대왕대비 조씨에게 적극 추천했습니다. 그래서 왕실의 웃어른인 대왕대비 조씨의 간택으로, 자영은 3월 6일 고종의 왕비로 결정되었습니다.

조선 시대 제26대 왕인 고종은 흥선군 이하응의 둘째 아들이었습니다. 본명이 명복이고, 일찍 죽지 말고 오래 살라고 어릴 적 이름이 개똥이었습니다.

흥선군은 아들이 임금이 되어 대원군이 되었습니다. 대원군은 왕족 중에서 왕위를 이어 받았을 때 그 임금의 친아버지에게 봉하던 작위입니다.

흥선 대원군은 아들이 임금이 되기 전까지는 건달 노릇을 하며 지냈습니다. 당시에 권력을 잡고 있던 안동 김씨 가문을 찾아가 벼슬 자리를 부탁하는가 하면, 술을 구걸하고 개 짖는 시늉까지 했습니다. 그래서 그에게 붙여진 별명이 '상갓집 개'였습니다. 흥선 대원군이 이런 생활을 한 것은 화를 피하기 위해서였습니다.

안동 김씨의 세도 정치는 제23대 순조 때부터 시작되어 제24대 헌종, 제25대 철종 때까지 64년 동안이나 계속되었습니다. 제22대 정조가 세상을 떠난 뒤 순조가 열한 살의 어린 나이에 왕위에 오르자, 순조의 장인인 김조순이, 자신의 친척들을 무더기로 중요한 벼슬자리에 앉히면서 안동 김씨의 세도 정치가 펼쳐졌던 것입니다.

안동 김씨 일족은 허수아비 임금을 세워 놓고 세도를 누렸습니다. 그리하여 왕족 가운데 자신들의 권력에 걸림돌이 될 만한 사람이 있으면 가차없이 없애 버렸습니다. 따라서 살아남으려면 자신을 대수롭지 않게 여기게 위장된 생활을 해야 했습니다.

그런 흥선 대원군에게도 기회가 찾아왔습니다. 철종이 폐병에 걸려 뒤를 이을 왕자도 없이 곧 죽게 된 것입니다. 흥선 대원군은 왕실의 큰어른인 대왕대비 조씨의 조카 조성하와 조양하를 몰래 만났습니다.

"전하께서 돌아가시면 누가 후계자가 되겠습니까? 우리 가문이 왕통을 이어야 합니다. 그래서 안동 김씨의 세도 정치를 막아야 합니다. 저를 도와주신다면 풍양 조씨 집안의 뒤를 봐 드리지요."

풍양 조씨 일족은 그동안 안동 김씨 세도에 기를 못 펴고 있었습니다. 그러므로 흥선 대원군의 제의를 마다할 이유가 없었습니다.

조성하와 조영하는 흥선 대원군이 대왕대비 조씨를 만나도록 주선해 주었습니다. 이 자리에서 흥선 대원군은 대왕대비 조씨와 철종의 후계자 문제를 의논했습니다. 그래서 자신의 아들 개똥이를 임금의 자리에 앉히기로 결정했습니다.

1863년(철종 14년) 12월 8일, 철종이 세상을 떠났습니다. 그러자 대왕대비 조씨는 흥선 대원군이 미리 일러 준 대로 임금의 옥새부터 챙겼습니다. 그리고는 원로 대신들을 불러 이런 교지를 내렸습니다.

흥선군 이하응의 둘째 아들 명복을 다음 임금으로 정한다.

이에 대해 누구도 반대할 수 없었습니다. 다음 임금을 결정할 권리는 대왕대비에게 있었기 때문입니다.

이리하여 개똥이는 연날리기를 하다가 궁궐로 불려가 임금이 되었습니다. 이때 그의 나이는 불과 12세였습니다. 그래서 어린 임금을 대신해 대왕대비 조씨가 정사를 돌보게 되었습니다. 이것을 '수렴청정'이라고 합니다.

그러나 대왕대비 조씨는 모든 정사를 흥선 대원군에게 맡기고 자신은 뒷전으로 물러났습니다. 그리하여 흥선 대원군은 하루아침에 권력을 잡고 나랏일을 돌보았습니다.

이렇게 되자 권력에서 밀려난 것은 그동안 온갖 권세를 누리던 안동 김씨 일족이었습니다. 흥선 대원군은 이들을 내쫓고 새로운 인재들을 뽑아 썼습니다. 이들 가운데는 조선 왕조 500년 동안 차별 대우를 받았던 평안도와 개성 사람들도 있었습니다.

또한 흥선 대원군은 서원이 당파 싸움의 근거지가 되고 있다고 생각하여, 1천여 개나 되는 서원을 과감히 없앴습니다. 그리고는 47개의 서원만 남겼습니다.

흥선 대원군은 왕실의 권위를 높이겠다며 1865년 4월에는 임진왜란 때 불탄 경복궁을 손질하여 고쳐 세우는 공사를 시작했습니다. 그러나 이 공사는 국고를 낭비하고 인력을 낭비한다고 하여 백성들의 원성이 자자했습니다.

흥선 대원군은 1866년 1월부터 천주교를 박해하기 시작했습니다. 천주교를 믿는다는 이유로 붙잡혀 목숨을 잃은 사람만 해도 수천 명이었습니다. 그 가운데는 프랑스 선교사 아홉 명이 있어, 프랑스에서는 그 해 10월에 함대를 보내 강화도를 점령했습니다. 이 사건을 '병인양요'라고 합니다.

병인양요는 프랑스가 조선과 통상 무역을 하려고 일으킨 전쟁이었습니다. 그러나 흥선 대원군은 외국에 문호를 개방하지 않고 나라 문의 빗장을 굳게 질렀습니다. 이러한 정책을 '쇄국 정책'이라고 합니다. 자영이 왕비로 뽑혔을 때는 흥선 대원군이 이처럼 강력하게 쇄국 정책을 펼칠 때였습니다.

1866년 3월 20일 왕비로 책봉된 민비는 이튿날부터 창덕궁에서 살게 되었습니다.

 그러나 민비는 고종의 사랑을 받지 못했습니다. 고종에게는 결혼 전부터 사랑한 여자가 있었기 때문입니다. 그 여자는 이 상궁이었습니다.
 고종은 첫날밤에도 민비의 방을 찾지 않았습니다. 그는 그 뒤에도 늘 이 상궁의 방에서 지냈습니다. 민비는 고종이 원망스럽고 가슴 아팠습니다. 임금의 사랑을 받지 못해 혼자서 밤을 지내

야 하는 자신의 신세가 처량하기만 했습니다.

어느 날 밤, 민비는 긴 한숨을 내쉬다가 이를 악물었습니다.

'신세타령이나 하며 언제까지나 이렇게 나약한 모습으로 지낼 수는 없어. 나는 전하의 아내야. 전하도 나이가 들면 언제고 내게 돌아오시겠지. 지금은 아버지의 그늘 밑에 있지만, 스무 살이 되면 직접 나라를 다스리시게 된다. 그때는 내가 전하께서 나라를 잘 다스리시도록 곁에서 도와드려야 해.'

민비는 다음 날부터 공부를 시작했습니다. 민비가 읽는 책은 〈내훈〉, 〈열녀전〉처럼 부녀자의 덕을 가르치는 책이 아니었습니다. 정치, 경제, 사회, 문화 등 여러 분야의 책이었습니다. 날이 갈수록 민비는 지식이 늘고 식견이 높아졌습니다.

그러는 사이 2년이 흘렀습니다. 1868년 4월, 이 상궁이 왕자를 낳았습니다. 완화군 선이었습니다. 왕실에서는 큰 경사라고 기뻐했지만 민비는 조바심이 났습니다.

'나도 왕자를 낳아야 한다. 그러지 않으면 완화군을 세자로 책봉하려 할 거야.'

민비에게는 자기를 지켜줄 세력이 없었습니다. 만약에 완화군이 세자가 된다면 자기를 쫓아내고 이 상궁을 왕비로 삼으려는 세력이 나타날지도 모르는 일이었습니다.

그러던 어느 날, 민비에게 좋은 기회가 찾아왔습니다. 시어머니인 부대부인 민씨가 민비의 양오빠 민승호를 불러 이런 부탁을 한 것입니다.

"중전께서 말씀을 하지 않아서 그렇지, 얼마나 외롭고 쓸쓸하시겠는가. 자네가 자주 찾아뵙고 중전을 위로해 드리게."

"알겠습니다."

이때부터 민승호는 자주 민비를 만나러 왔습니다.

"중전마마, 걱정하지 마십시오. 제가 중전마마의 울타리가 되어 드리지요."

민승호는 민겸호, 민규호, 민영익 등을 민비에게 소개했습니다. 이들은 과거에 급제한 유능한 민씨 일족이었습니다. 이들은 궁중을 들락거리며 민비와 이런 이야기를 나누었습니다.

"중전마마, 나라가 몹시 어지럽습니다. 흥선 대원군은 왕실의 권위를 높이겠다고 경복궁을 재건했지만, 그로 인해 백성들에게 얼마나 큰 피해를 주었는지 모릅니다. 모자라는 공사비를 마련하려고 당백전을 발행했다가 오히려 화폐 가치만 떨어뜨리고 말았습니다."

"그뿐만이 아닙니다. 공사비를 얻으려고 도성의 4대문에서 통행세를 걷는가 하면, 주인의 허락도 없이 마구 나무를 베어 백성들의 원망만 들었습니다."

"흥선 대원군은 천주교인들을 박해하고, 나라 문을 굳게 잠그는 쇄국 정책을 쓰고 있습니다. 하지만 지금은 우물 안 개구리처럼 지낼 때가 아닙니다. 우리도 나라 문을 활짝 열고 서양 문물을 받아들여야 합니다. 그래야만 나라의 힘을 기를 수 있습니다."

민비는 조용히 듣고 있다가 민씨 일가들에게 이렇게 호소했습니다.

"옳은 말씀입니다. 그렇게 되려면 전하께서 직접 이 나라를 다스리셔야 합니다. 하루빨리 전하께서 친정을 하시도록 오라버니들이 도와주세요."

민비는 그즈음 한 가지 생각을 굳히고 있었습니다.

'개화의 물결이 밀려오고 있어. 이 나라가 잘 되려면 시아버지 흥선 대원군이 물러나고, 전하께서 직접 나라를 다스리셔야 해. 쇄국 정책을 그만두고 문호를 개방하는 거야.'

민비는 고종을 만난 자리에서 자신의 생각을 털어놓았습니다.

그러자 고종은 깜짝 놀랐습니다.

'중전이 여간 총명한 게 아니구나. 세상을 보는 넓은 식견과 지혜까지 있고…….'

고종은 민비를 다시 보았습니다. 그때부터 민비와 의견을 나누는 일이 많아졌고, 밤마다 민비의 방을 찾게 되었습니다.

1871년 고종은 스무 살이 되었습니다. 이제부터는 흥선 대원군의 그늘에서 벗어나 나라를 직접 다스리고 싶었습니다. 하지만 흥선 대원군은 권력을 아들에게 넘겨주고 싶지 않았습니다. 그래서 이런 생각을 했습니다.

'임금은 아직 어려. 이 나라는 내가 계속 다스려야 해.'

그 무렵 민비는 바라던 왕자를 낳았습니다. 하지만 왕자는 선천성 기형으로 닷새 만에 숨을 거두었습니다.

민비는 4남 1녀를 낳았지만 둘째 아들 척 말고는 모두 일 년을 넘기지 못했습니다. 1874년 2월에 태어난 척이 뒷날 고종의 뒤를 잇게 되는 제27대 왕인 순종입니다.

고종은 친정을 하고 싶었지만 아버지를 직접 물러나게 할 수는 없었습니다. 그래서 큰 고민이었습니다.

그럴 즈음 흥선 대원군에 반대하는 유학자인 최익현이 상소문을 올렸습니다.

전하께서는 성년이 되셨습니다. 이제는 흥선 대원군이 섭정을 거두고 물러나야 합니다.

흥선 대원군은 더 이상 버틸 명분이 없었습니다. 섭정을 거두고 물러날 수밖에 없었습니다. 1873년 섭정의 자리에 오른 지 꼭 10년 만이었습니다. 이리하여 고종은 비로소 직접 나라를 다스리게 되었습니다.

고종에게는 민비가 든든한 원군이었습니다.
정사를 돌볼 때면 늘 곁에서 헌신적으로
도와주었기 때문입니다.

뒷날 고종은 민비를 회상하며 이렇게 칭찬했습니다.

중전은 타고난 예지와 지혜로 어려울 때마다 나를 잘 도와주었다. 내게 걱정거리가 생기면 반드시 그것을 해결해 주었다. 외국과의 외교를 어찌나 잘하는지 외국 사람들도 감탄할 정도였다.

섭정의 자리에서 물러난 흥선 대원군은 경기도 양주의 별장에서 지내고 있었습니다. 그러나 그는 생각하면 할수록 분하고 억울했습니다.
 '나를 쫓아낸 것은 민비와 민씨 일가야. 나를 반대하는 최익현을 움직여 섭정을 그만두라는 상소문을 올리게 했겠지.'
 흥선 대원군을 모시던 사람들도 이를 갈았습니다.
 '민비와 민씨 일가를 내버려 둘 수 없어. 복수를 하는 거야.'
 1874년 11월 28일, 민승호의 집에 선물 상자가 배달되어 왔습니다.
 "무슨 선물이지?"

민승호와 그 가족들은 방 안에 둘러앉아 선물 상자를 열었습니다. 바로 그 순간,
"콰앙!"
하고 폭약이 터졌습니다. 그리하여 민승호와 그 가족들은 몰살을 당하고 말았습니다.

민비는 이 소식을 듣고 입술을 깨물었습니다.

'흥선 대원군을 따르는 사람들이 저지른 짓이야. 이런 일로 마음이 약해지면 안 돼. 죽을 때 죽더라도 끝까지 전하를 지키고 돕는 거야. 그것이 나라를 위하는 일이야.'

민비는 고종과 머리를 맞대고 나라 일을 의논했습니다.

먼저 개화 사상가인 박규수를 우의정에 임명하고 개화 정책을 펼쳤습니다. 1876년 일본과 수호 통상 조약을 맺은 뒤에는 미국, 프랑스, 러시아 등과 조약을 맺었습니다. 이로써 쇄국 정책을 접고 나라 문을 열어 선진 문물을 받아들이기로 한 것입니다.

민비는 쇄국 정책을 고집해서는 결코 강대국이 될 수 없다는 것을 깨달았습니다. 그래서 1882년에는 이런 내용의 조서를 발표하기도 했습니다.

외국은 강하지만 우리는 약하다. 서양 문물을 배우지 않고 어떻게 그들과 맞설 수 있겠는가? 안으로 제도를 개혁하고 밖으로 외국의 여러 나라와 통상을 한다면 우리나라도 강대국이 될 것이다.

그러나 민비와 고종의 개방 정책은 곧 위기를 맞게 되었습니다. 흥선 대원군을 따르는 세력이 도전장을 내밀었기 때문입니다.

1881년에는 흥선 대원군의 서자인 이재선을 임금으로 삼으려는 역모가 발각되어 이재선이 사형당했습니다. 그리고 1882년에는 구식 군대 군인들이 폭동을 일으켰습니다. 이 사건이 임오군란입니다.

조선 정부는 1881년 말에 일본 군사 고문을 초빙하여 양반 자제 100여 명으로 신식 군대인 별기군을 만들었습니다. 그런데 신식 군대 군인들은 다달이 거르지 않고 월급을 받았지만 구식 군대 군인들은 월급이 13개월치나 밀려 있었습니다.

1882년 6월 10일, 구식 군대 군인들은 선혜청 창고로 모여들었습니다. 밀린 월급 가운데 한 달치를 쌀로 준다고 했기 때문입니다.

구식 군대 군인들은 쌀을 받아 들고 분통을 터뜨렸습니다.

"이게 쌀이야? 절반은 돌이고 모래잖아."

"신식 군대 별기군은 잘 대접하면서 우리는 이렇게 차별 대우를 해? 흥선 대원군 때는 우리가 이런 대접을 받지 않았어."

"그래, 이게 다 선진 문물을 받아들인다면서 개방 정책을 펼친 민비 때문이야. 민비와 민씨 일족을 몰아내고 흥선 대원군을 모셔 와야 우리가 제대로 대접받을 수 있어."

성난 구식 군대 군인들은 선혜청 창고를 지키는 군졸들을 때려 눕히고, 선혜청 당상관 민겸호의 집에 불을 질렀습니다. 그리고는 운현궁에 와 있던 흥선 대원군을 찾아갔습니다.

"저희를 지켜줄 분은 대감밖에 없습니다. 대감을 위해서라면 무슨 일이든 다 하겠습니다."

흥선 대원군은 이 기회를 놓치지 않았습니다. 민비를 몰아낼 절호의 기회라 생각하여 군인들을 뒤에서 지휘한 것입니다.

군인들은 신식 군대 별기군을 공격하고 일본 공사관을 습격했습니다. 그리고는 민영익, 민영주, 민영소, 민치상 등의 집을 부수었습니다.

군중은 백성들이 합세하여 3천여 명으로 늘어나 있었습니다. 이들은 대궐로 쳐들어갔습니다. 민비를 잡아 죽이기 위해서였습니다.

이때 민비는 궁녀 복장을 하고 있었습니다. 하지만 대궐을 빠져 나가기엔 너무 늦었습니다. 군중이 대궐 안에까지 몰려 들어왔기 때문입니다.

"궁궐을 뒤져라!"

사람들은 이렇게 소리치며 대궐 안을 뒤지기 시작했습니다.

민비는 대궐 밖으로 나가려고 가마에 올라탔습니다.

그때 군중이 몰려들어 가마를 에워쌌습니다. 그들은 민비를 가마에서 내리게 했습니다.

"저분이 중전마마입니다."

한 궁녀가 겁에 질려 이렇게 말하자, 군중은 민비에게 달려들려고 했습니다.

바로 그때 무예 별감 홍계훈이 앞으로 나서며 말했습니다.

"이 사람은 중전마마가 아니라 내 누님이오. 궁녀로 들어간 홍상궁이란 말이오."

홍계훈은 민비를 돌아보았습니다.

"누님을 한참 찾아 헤맸어요. 어서 이곳을 빠져 나갑시다."

홍계훈은 민비를 등에 업었습니다. 그러자 홍계훈의 말을 믿고 사람들은 순순히 길을 비켜 주었습니다.

대궐을 간신히 빠져 나온 민비는 경기도 여주를 거쳐 충청도 충주로 내려갔습니다. 충주 장호원에 있는 민응식의 집에서 숨어 지냈습니다.

임오군란으로 흥선 대원군은 다시 정권을 잡았습니다. 그는 민비를 끝내 찾지 못하자, 민비가 난리 중에 죽었다고 발표했습니다. 그리고는 민비의 장례까지 치렀습니다.

그러나 고종은 민비가 살아 있다는 것을 알고 있었습니다. 민비가 장호원에서 비밀리에 고종에게 편지를 보냈기 때문입니다.

전하, 일본은 일본 공사관이 습격당했다는 것을 빌미로 우리나라에 군대를 보낼 것입니다. 우리는 일본 군대와 맞서 싸울 힘이 없습니다. 그러니 일본 군대를 막을 수 있게 청나라에 군대를 보내 달라고 청하십시오.

고종은 민비가 일러 준 대로 청나라에 군대를 보내 달라고 요청했습니다.

그 무렵 일본은 민비가 예상한 대로 일본 공사관을 지킨다는 구실로 1천여 명의 군인을 서울로 보내 왔습니다. 그러자 청나라도 4천여 명의 군인을 서울로 파견했습니다.

일본군이 인천으로 물러난 뒤, 청나라 군대는 대원군을 납치하여 청나라로 끌고 갔습니다. 이로써 대원군의 집권은 한 달 만에 끝나 버리고 민비는 대궐로 돌아올 수 있었습니다.

민비는 조선을 집어삼키려는 일본의 검은 속셈을 알고 있었습니다. 그래서 일본을 경계하면서 청나라와 가깝게 지냈습니다.

1884년 12월 4일 김옥균, 박영효 등 개화파 사람들은 일본의 지원을 받아 반란을 일으켰습니다. 이 사건을 '갑신정변'이라고 합니다. 그러나 갑신정변은 3일 만에 끝났습니다. 청나라의 원세개(위안스카이)가 군대를 동원해 개화파를 공격했기 때문입니다.

그 뒤 원세개는 자신이 민비와 고종 정권을 지켜주었다면서 압력을 가하고 내정 간섭까지 했습니다.

일본 또한 여전히 조선을 집어삼킬 야욕을 품고 있었습니다. 그래서 청나라를 상대로 치열한 각축전을 벌였습니다.

1894년 동학 민중 혁명이 일어나자, 이를 진압하려고 조선에 청나라 군대가 들어왔습니다. 그런데 이에 뒤질세라 일본도 군대를 보냈습니다. 두 나라 군대는 마침내 조선 땅에서 맞붙어 싸웠고, 전쟁은 일본의 승리로 끝났습니다.

청일전쟁의 승리로 일본은 더욱 기고만장해졌습니다. 일본 공사 이노우에는 대궐로 들어와 민비에게 이렇게 떠들어 댔습니다.

"여자가 정치를 하겠다고 나서지 마시오. 암탉이 울면 집안이 망하는 법이오. 알겠소?"

민비는 당당한 목소리로 말했습니다.

"암탉이 울면 집안이 망한다고요? 그럼 한 가지만 묻겠습니다. 여자인 내가 왜 울어야 하는지 아십니까? 그것은 당신들 때문입니다. 당신들이 우리 조선을 삼키려고 호시탐탐 노리는데, 어떻게 조용히 안방에 앉아 있겠습니까? 조선의 운명은 지금 풍전등화(바람 앞의 등불)의 지경에 놓여 있습니다. 나는 조선과 왕실과 아들을 지키기 위해 기꺼이 목숨을 바칠 각오가 되어 있습니다."

민비는 침략의 야욕을 드러낸 일본을 견제하기 위해 러시아의 힘을 빌리기로 했습니다. 그래서 러시아 공사 베베르를 자주 대궐로 불러들이는 등 러시아와 가깝게 지냈습니다. 또한 일본과 친하게 지내는 대신들을 쫓아내고, 러시아와 친하게 지내는 대신들로 내각을 새로 구성했습니다.

일본은 청나라와의 전쟁에서 승리한 대가로 청나라로부터 요동 반도를 넘겨받았습니다. 그런데 프랑스, 독일, 러시아가 나서서 일본으로 하여금 요동 반도를 청나라에 돌려주도록 했습니다. 이것을 '3국 간섭'이라고 합니다. 이 일로 일본의 기세는 한풀

꺾이고 러시아의 위세는 조선에서 드높아졌습니다.

　조선을 자신의 식민지로 삼으려는 일본으로서는 민비가 가장 큰 걸림돌이었습니다. 그래서 일본 제국주의자들은 민비를 없애기로 했습니다.

　1895년(고종 32년) 10월 8일(음력 8월 29일) 새벽 5시, 일본 공사 미우라 고로는 일본 낭인 무사들을 앞세우고 경복궁으로 쳐들어갔습니다. 그리고는 궁녀와 환관들을 건청궁 곤녕각에 몰아넣고 마구 칼로 베어 죽였습니다. 그 가운데는 궁녀의 옷으로 갈아입은 민비도 끼어 있었습니다.

　무사들은 민비의 시신을 확인하고는 증거를 없애려고 석유를 끼얹어 불태웠습니다.

　민비는 일제에 의해 이렇게 참혹하게 살해당했습니다. 이 사건은 을미년에 일어났다고 해서 '을미사변'이라고 합니다.

　민비의 장례는 2년 뒤인 1897년 11월에야 국장으로 치러졌습니다. 그 해 10월에 고종은 나라 이름을 '대한제국'으로 바꾸고 황제라 칭했기에, 민비는 '명성황후'로 봉해졌습니다.

공주 편

여성 위인전

바보 온달을 훌륭한
장수로 만든 고구려의 여걸

평강공주

?~?, 고구려 제25대 평강왕의 딸로, 어렸을 때 울기를 잘했다. '자꾸 울면 바보 온달한테 시집 보낸다'는 말을 듣고 자라, 16세가 되자 온달을 찾아가 그의 아내가 되었다. 그 뒤 남편에게 무술을 가르치고 글공부를 시켜, 온달을 고구려 제일의 장수로 만들었다.

평강공주는 고구려 제25대 평강왕의 하나밖에 없는 딸입니다. 이름이 전해지지 않아, 평강왕의 딸이라고 '평강공주'라 불리고 있지요.

평강공주는 어렸을 때 울기를 잘했습니다. 그래서 별명이 '울보 공주'였습니다. 놀다가도 울고, 밥 먹다가도 울고, 자다가도 울고…… 심지어 새가 나뭇가지에 날아오지 않는다고 울고, 개미가 무섭다고 울기도 했습니다. 한번 울기 시작하면 잘 그치지 않아서, 모두들 평강공주라면 머리를 흔들었습니다.

"울음 뚝 그쳐라. 너 자꾸 울면 바보 온달한테 시집 보낸다."

평강왕은 공주가 울기만 하면 이렇게 겁을 주었습니다. 그러면 공주는 울음을 뚝 그치고 왕에게 되묻곤 했습니다.

"바보 온달요? 뭐 하는 사람이에요?"

"응, 고구려 최고의 바보란다. 집집마다 돌아다니며 밥을 얻어

먹고, 외딴집에서 장님 어머니와 살고 있지."

평강공주는 왕에게 바보 온달에 대한 이야기를 들을 때마다 마음속으로 다짐했습니다.

'난 꼭 바보 온달한테 시집갈 거야.'

세월이 흘러 평강공주는 16세가 되었습니다.

어느 날, 왕은 평강공주를 불러 말했습니다.

"너도 이제 시집갈 나이가 되었지? 마침 좋은 혼처가 나왔으니 결혼 준비를 하도록 해라."

"예? 다른 곳에 시집을 가라고요?"

평강공주는 화들짝 놀라며 따지듯이 말했습니다.

"아바마마께서는 제게 늘 온달에게 시집가라 하지 않으셨습니까? 그런데 이제 와서 다른 사람의 아내가 되라니 그러실 수 있습니까?"

"그건 네가 하도 울어 너를 달래려고 해 본 말이야."

"한 나라의 임금이신 아바마마께서 허언(빈말)을 하시다니요. 저는 다른 사람은 싫습니다. 온달에게 시집을 가겠습니다."

"뭐, 뭐라고? 네가 진정 아비 말을 듣지 않겠다는 거냐? 그렇다면 당장 대궐에서 나가거라. 꼴도 보기 싫다!"

왕은 평강공주가 고집을 부리자 화가 나서 소리쳤습니다.

결국 평강공주는 대궐에서 쫓겨났습니다.

평강공주는 금팔찌 수십 개 등 보물이 담긴 보따리를 들고 물어물어 바보 온달의 집을 찾아갔습니다.

온달의 집에는 눈먼 어머니 혼자 집을 지키고 있었습니다.

평강공주는 방으로 들어가 온달 어머니에게 절을 올리고 상냥한 목소리로 물었습니다.

"아드님은 어디 가셨습니까?"

온달 어머니가 대답했습니다.

"먹을 것이 없어 느릅나무 껍질이라도 벗겨 오겠다고 산으로 갔어요."

평강공주는 온달 어머니가 알려 준 대로 산으로 갔습니다.

그때 온달은 느릅나무 껍질을 지고 산에서 내려오고 있었습니다.

"온달님이십니까? 저는 이 나라의 공주인데 온달님의 아내가 되려고 왔습니다."

평강공주는 온달을 불러 세우고 자신이 어째서 찾아왔는지 말했습니다. 그러자 온달은 화를 내며 버럭 고함을 질렀습니다.

"네 정체를 밝혀라! 넌 사람이 아니라 여우지? 예쁜 여자로 변

신하여 나를 홀리려고 하는구나."

온달은 뒤도 돌아보지 않고 집으로 달려갔습니다. 그리고 평강 공주가 아무리 애원해도 문을 열어 주지 않았습니다.

평강공주는 문 밖에서 며칠 밤을 새우며 함께 살자고 간절히 청했습니다. 보통 고집이 아니었습니다. 나중에는 온달도 그 고집을 꺾지 못해 평강공주를 아내로 맞아들였습니다.

평강공주는 금팔찌를 팔아 당장 살 집과 땅을 사들였습니다. 그리고 농사는 하인들에게 맡겼습니다. 그 대신 자신은 남편에게 무술을 가르치고 글공부를 시켰습니다.

어느 날, 평강공주는 온달에게 돈을 주며 말했습니다.

"장터에 가서 말을 사 오세요. 보통 말은 사지 말고, 나라에서 내놓은 말을 사 오셔야 해요. 병들고 빼빼 마른 말도 괜찮아요."

온달은 평강공주가 일러 준 말을 장터에서 사 왔습니다.

평강공주는 그 말을 잘 먹여 정성스럽게 길렀습니다. 그랬더니 아주 훌륭한 말로 자랐습니다.

온달은 무술을 열심히 익혀 이제 과거의 바보 온달이 아니었습니다. 고구려를 다 뒤져도 검술로나 궁술로나 그를 따를 자가 없었습니다. 그리고 병서를 읽고 연구하여 병법에도 밝았습니다. 그가 이처럼 장수가 될 만한 뛰어난 실력을 갖추게 된 것은 모두 평강공주가 정성을 다해 뒷바라지한 덕분이었습니다.

고구려에서는 해마다 음력 3월 3일에 낙랑 언덕에서 사냥 대회가 열렸습니다. 이 사냥 대회에는 임금과 신하들도 참가하는데, 1등상을 차지하는 무사는 장수로 뽑히는 영광을 누릴 수 있었습니다.

평강공주가 온달에게 말했습니다.

"이번 사냥 대회에 나가셔서 그동안 갈고 닦은 실력을 마음껏 발휘하세요."

"알겠소."

온달은 평강공주의 권유로 사냥 대회에 참가했습니다. 그리하여 빼어난 활솜씨로 가장 많은 짐승을 사냥하여 1등상을 차지했습니다.

왕은 온달을 불러 물었습니다.

"활솜씨가 신기에 가깝구나. 그대 이름이 무엇이지?"

"온달입니다."

"뭐야? 그대가 바보 온달이라고?"

왕은 놀라서 입을 다물지 못했습니다. 공주를 빼앗아간 온달을 이렇게 만나게 될 줄은 꿈에도 생각지 못했던 것입니다.

왕은 아직 화가 덜 풀려 그를 사위로 인정하지 않았습니다. 그 대신 온달을 장수로 임명하며 이렇게 말했습니다.

"그 훌륭한 무술 솜씨를 나라를 위해 쓰도록 하라."

얼마 뒤, 온달에게는 공을 세울 기회가 왔습니다. 중국 북주의 무제가 군대를 이끌고 고구려로 쳐들어온 것입니다.

온달은 선봉장이 되어 적군을 크게 무찔렀습니다.

전투가 끝난 뒤 왕은 온달에게 말했습니다.

"네가 큰 공을 세웠구나. 너는 역시 내 사위다."

왕은 온달을 위해 잔치를 베풀어 주고 대형이라는 높은 벼슬을 내렸습니다. 그리고 평강공주를 불러 화해했습니다.

온달은 평강공주와 금슬이 좋았습니다. 아내 덕분에 자신이 장수로 출세했다며 언제나 평강공주에게 고마워했습니다.

590년(평강왕 32년) 10월, 평강공주의 아버지인 평강왕이 세상을 떠나고 영양왕이 왕위에 올랐습니다. 영양왕은 평강공주의 오빠였습니다.

이 무렵 온달은 옛날 신라에게 빼앗겼던 한수(한강) 이북의 땅을 되찾으려고 대군을 이끌고 전쟁터에 나갔습니다. 그리고는 아단성에서 신라군과 싸우다가 화살에 맞아 죽고 말았습니다.

그런데 이때 이상한 일이 벌어졌습니다. 온달의 시신을 관 속에 넣었는데, 관이 움직이지 않는 것이었습니다.

공주는 이 소식을 듣고 평양성에서 달려왔습니다.

공주는 눈물을 삼키고 관을 어루만지면서 말했습니다.

"사람으로서 죽고 사는 일이 끝나지 않았습니까? 이제는 저승으로 돌아가서 편안히 쉬셔야지요. 저도 곧 뒤따라가겠습니다."

그제야 비로소 관이 움직이기 시작했습니다. 평강공주는 온달의 시신이 담긴 관을 평양성으로 옮기고 장례를 치렀습니다. 그리고는 얼마 안 되어 공주 역시 온달이 있는 저승으로 갔습니다.

평강공주는 신분의 벽을 허물고 바보 온달의 아내가 되어, 남편을 훌륭한 장수로 만들었습니다. 평강공주야말로 강인한 의지와 결단력을 지닌 고구려의 여걸이었습니다.

공주 편

백제 중흥을
꿈꾼 여장부

선화공주

?~?, 신라 제26대 진평왕의 셋째 딸이자 백제 제30대 무왕의 왕비이다. 큰언니가 신라 제27대 선덕여왕이다. 무왕이 서동으로 불리던 총각 시절 신라로 와서 노래를 만들어 퍼뜨려, 그와 결혼하여 왕비가 되었다. 무왕에게 부탁하여 용화산 아래에 미륵사를 세웠다. 선화공주는 신라 진평왕의 딸이 아니라 익산 지역 호족의 딸이라는 설도 있다. 이에 따르면 선화공주가 서동과 결혼한 뒤, 익산 지역 호족들의 힘을 모아 서동을 임금으로 만들었다고 한다. 그리고 익산을 백제의 도읍으로 만들려고 익산 땅에 미륵사를 세웠다고 한다.

선화공주는 신라 제26대 진평왕의 셋째 딸입니다. 큰언니가 나중에 왕위에 오르는 덕만공주(선덕여왕)이지요.

선화공주는 선녀처럼 아름다웠습니다. 그에 대한 소문은 신라는 물론 고구려, 백제에까지 널리 퍼져 있었습니다.

백제 땅에는 서동이라는 총각이 마를 캐어 팔아 살고 있었습니다.

서동은 선화공주에 대한 소문을 듣고 이런 결심을 했습니다.

'선화공주가 그렇게 미인이라면 아내로 삼아야겠군.'

서동은 머리를 깎고 신라의 수도인 서라벌을 찾아갔습니다.

서동은 이곳저곳을 돌아다니며 아이들에게 마를 나누어 주었습니다. 아이들은 서동이 나타나면 마를 얻으려고 우르르 몰려들었습니다.

아이들과 친해지자 서동은 아이들에게 노래를 가르쳐 주었습니다.

"이런 노래 들어 봤니? 나를 따라 불러 보렴."

선화공주님은 남몰래 서동을 좋아하여
밤마다 서동을 안고 간다네.

아이들은 서동에게 배운 노래를 오며가며 불렀습니다. 그래서 이 노래는 온 신라에 퍼져 버렸습니다.

신하들은 이 노래를 듣고 왕에게 간했습니다.

"대왕마마, 선화공주님이 밤마다 서동이라는 남자를 만나고 있답니다. 행실이 좋지 않은 공주님을 먼 곳으로 귀양 보내십시오."

왕은 신하들의 청을 거절할 수 없었습니다. 선화공주를 멀리 귀양 보내기로 했습니다.

"억울합니다. 저는 서동이 어디에 사는 누구인지 전혀 모릅니다. 그를 만난 적도 없습니다."

선화공주는 울면서 왕에게 자신의 억울함을 호소했습니다. 하지만 이미 내린 결정을 뒤집을 수는 없었습니다.

귀양을 떠나기 전에 왕비는 공주에게 순금 한 말을 주었습니다.

선화공주는 귀양지로 가는 길에 낯선 젊은이를 만났습니다.

"공주님, 제가 귀양지까지 공주님을 모시겠습니다."

젊은이는 이렇게 말하며 앞장서서 갔습니다. 이 젊은이가 바로 서동이었습니다.

선화공주는 그가 누군지 몰랐지만 마음에 들었습니다.

그제야 서동은 자신의 정체를 밝혔습니다.

"용서하십시오, 공주님. 제가 바로 노래를 지어 퍼뜨린 서동입니다. 공주님을 사랑해서 그랬습니다. 공주님과 결혼하고 싶습니다."

선화공주는 깜짝 놀랐지만 말없이 그의 손을 잡았습니다. 선화공주 역시 서동을 사랑하게 되었기 때문입니다.

서동은 선화공주를 자신의 집으로 데려왔습니다.

선화공주는 서동에게 순금 한 말을 내놓았습니다.

"이것을 팔아 살림살이를 마련해요. 우리는 평생 남부럽지 않게 살 수 있어요."

선화공주의 말에 서동은 피식 웃었습니다.

"그까짓 돌멩이로 남부럽지 않게 살 수 있다고요?"

"왜 웃으세요? 흔해 빠진 돌멩이가 아니라 귀한 금인데요."

"귀하긴요. 마를 캐는 산 속엔 이런 것이 산더미처럼 쌓여 있어요."

"어머, 정말요?"

선화공주는 크게 놀라며 서동을 바라보았습니다.

"그렇다면 부탁이 있습니다. 그 금을 저의 부모님이 계신 대궐로 보내 드릴 수 있겠습니까?"

"아, 그럼요."

서동은 선선히 승낙했습니다.

하지만 금이 너무 많아 서라벌까지 옮기는 것이 문제였습니다.

두 사람은 용화산(지금의 익산 미륵산) 사자사에 있는 지명법사를 만나 이 문제를 상의했습니다.

지명법사가 말했습니다.

"걱정하지 마십시오. 저의 신통력으로 금을 옮겨 드리겠습니다."

선화공주는 편지 한 통을 써서 지명법사에게 주었습니다. 그러자 지명법사는 그 자리에서 주문을 외워, 금과 공주의 편지를 신라 서라벌의 대궐로 옮겨 주었습니다.

신라의 진평왕은 금과 편지를 받고 크게 기뻐했습니다.

"하하, 내가 좋은 사위를 얻었구나."

그러면서 선화공주와 서동에게 답장을 적어 보냈습니다.

이 서동이 바로 백제 제30대 무왕입니다.
훗날 그가 왕위에 오르고
신화공주는 왕비기 되었습니다.

어느 날, 무왕은 선화공주와 함께 용화산 사자사를 찾았습니다. 사자사를 향해 가고 있는데, 용화산 아래에 있는 큰 못 속에서 미륵 삼존이 불쑥 나타났습니다. 무왕과 선화공주는 수레를 세우고 절을 올렸습니다.

이때 선화공주는 무왕에게 말했습니다.

"이곳에 큰 절을 세웠으면 합니다. 저의 소원입니다."

"그래요? 지명법사와 의논해 봅시다."

두 사람은 지명법사를 만나 그 문제를 의논했습니다.

지명법사가 말했습니다.

"제가 신통력을 부리지요. 산을 허물어 못을 메우도록 하겠습니다."

지명법사는 하룻밤 동안에 산을 허물고 못을 메워, 못 터를 평지로 만들어 놓았습니다.

그러자 무왕은 그곳에 세 개의 미륵상을 만들고 전각, 탑, 행랑채를 각각 세 곳에 따로 세웠습니다. 그리고는 절 이름을 '미륵사' 라고 했습니다.

선화공주와 무왕이 세 개씩 따로 지은 것은
그들 앞에 미륵 삼존이 나타났기 때문입니다.
그리고 두 사람이 모든 중생을 구제하고
고구려, 백제, 신라로 나뉜 한반도를 통일하는
주체가 되겠다는 의지를 나타낸 것이기도 했습니다.

미륵사는 지금 전라북도 익산시 금마면에 절터만 남아 있습니다.

그리고 익산시 석왕동의 쌍릉이 선화공주와 무왕의 무덤이라고 전해지고 있습니다.

선화공주는 어째서 무왕에게 익산에 미륵사를 세우게 했을까요? 미륵 신앙으로 백성들의 마음을 모아 백제를 중흥시키고, 마침내 삼국 통일의 큰 꿈을 이루겠다면 백제의 도읍인 사비성 부여가 적당할 텐데 말입니다.

어떤 학자들은 한때 익산이 백제의 도읍이었다고 주장하기도 합니다. 일본 교토의 천련원이라는 절에서 발견된 불교 책 〈관세음 응험기〉에는 '백제의 무광왕이 지모밀지로 도읍을 옮겨 새로이 절을 세웠다.'라는 기록이 남아 있답니다. 여기서 무광왕은 무왕, 지모밀지는 익산을 뜻합니다.

한편, 선화공주는 신라 진평왕의 딸이 아니라 익산 지역 호족의 딸이었다고 주장하는 학자도 있습니다. 선화공주가 진평왕의 딸이었다면 사위, 장인 사이인 무왕과 진평왕이 32년 동안 열세 번에 걸쳐 전쟁을 할 리가 없다는 것입니다. 그리고 옛날에는 임금의 딸이 아니어도 공주의 칭호를 썼다는군요.

선화공주는 마를 캐어 팔아 살아가는 가난한 총각 서동과 결혼한 뒤, 익산 지역 호족들의 힘을 모아 서동을 마침내 임금으로 만듭니다. 그리고는 익산을 백제의 도읍으로 만들려고 익산 땅에 미륵사를 세웁니다. 백제의 도읍인 사비성 부여에는 무왕을 도울 정치 세력이 없었습니다. 그래서 도읍을 익산으로 옮겨 왕권을 강화한 뒤, 백제를 다시 일으켜 대제국으로 만들 결심을 합니다. 그리하여 도읍을 익산으로 옮길 계획을 세웠던 것입니다.

그러나 선화공주의 꿈은 좌절되고 맙니다. 무왕에게 왕위를 물려받은 아들 의자왕이 그 계획을 취소해 버렸기 때문입니다. 의자왕은 익산이 아니라 사비성 부여에서 왕권을 강화할 생각을 가졌던 것입니다. 그러나 그는 부여 지역의 호족들에게 눌려 지내다가 결국 신라에 나라를 빼앗기고 맙니다.

선화공주의 뜻대로 백제의 도읍을 익산으로 옮겼다면 백제의 운명은 어떻게 되었을까요? 그렇게 쉽게 망하지는 않았을지도 모릅니다.

선화공주야말로 백제 중흥을 꿈꾼 여장부요, 야심이 큰 인물이었다고 할 수 있습니다.

문학가 편

여성 위인전

우리 겨레
최고의 여성 시인

황진이

?~?, 조선 시대 중종 때의 시인이자 송도(개성)의 명기이다. 어려서부터 글을 배워 시를 잘 짓고 그림을 잘 그렸으며 노래 솜씨도 뛰어났다. 15세 때 마을 총각 한 사람이 자기를 짝사랑하다가 죽자 충격을 받고, 집에서 뛰쳐나와 기생이 되었다. 비록 기생의 몸이었지만 자신의 감정을 담아 뛰어난 시를 많이 써서, 우리나라 역사상 가장 뛰어난 여성 시인으로 불리고 있다. 당대 이름난 학자인 서경덕과 송도의 절경인 박연폭포와 더불어 '송도 삼절'로 일컬어지기도 했다.

조선 시대 연산군 때에 송도(개성) 땅에 진현금이란 처녀가 있었습니다. 현금은 신분이 낮았지만 몹시 아름다웠습니다.

현금은 18세 때 송도 병부교 밑 개울로 빨래를 하러 갔습니다.

현금이 개울물에 빨래를 헹구고 있을 때였습니다. 때마침 다리 위를 지나가던 청년이 현금의 모습을 발견하고 걸음을 멈추었습니다.

'저렇게 아름다운 처녀가 있다니…….'

청년은 넋 나간 사람처럼 현금을 정신없이 바라보고만 있었습니다. 그러다가 아쉬운 듯 몇 번이나 뒤돌아보며 가던 길을 갔습니다.

청년이 다시 나타난 것은 해질 무렵이었습니다. 청년은 빨래터로 내려와 현금에게 말을 걸었습니다.

"낭자, 물 한 바가지만 주구려."

현금은 바가지로 물을 떠서 청년에게 주었습니다.

청년은 물을 반쯤 마시고는 바가지를 돌려주며 말했습니다.

"낭자도 한번 마셔 보구려."

현금은 엉겁결에 바가지를 받아 들고 입으로 가져갔습니다. 마셔 보니 그것은 물이 아니라 술이었습니다.

'어머나! 어떻게 물이 술로 변했지?'

현금은 깜짝 놀랐습니다.

그때 청년이 빙긋이 웃으며 말했습니다.

"놀랄 것 없소. 그것은 우리가 나눠 마신 합환주(옛날 혼례식에서 신랑 신부가 서로 잔을 바꾸어 마시는 술)라오."

이 청년은 양반집 자제인 황 진사였습니다. 이렇게 황 진사와 인연을 맺은 현금은 딸아이를 낳았습니다. 이 딸아이가 바로 뒷날 우리나라 역사상 가장 뛰어난 여성 시인으로 불리게 되는 황진이입니다.

앞서 소개한 황진이 출생에 얽힌 이야기는, 조선 시대 인조 때의 문신 이덕형이 쓴 〈송도기이〉라는 책에 나오는 이야기입니다. 그런데 〈홍길동전〉의 작가 허균이 쓴 〈성옹식소록〉에는 황진이가 맹인의 딸로 태어났다고 되어 있습니다. 하지만 어느 것도 믿을 만한 이야기는 못 되고, 전설로 전해지는 이야기일 따름입니다.

현금은 황진이를 금이야 옥이야 하고 키웠습니다. 어려서부터 글을 배우게 했는데, 황진이는 자라면서 뛰어난 재주를 보였습니다. 여덟 살에 〈천자문〉을 떼더니, 열 살에는 〈열녀전〉을 읽고 '사서삼경(유교의 경전인 〈논어〉, 〈맹자〉, 〈중용〉, 〈대학〉의 네 가지 책과 〈시경〉, 〈서경〉, 〈주역〉의 세 경서)' 에 통달했습니다. 뿐만 아니라 시를 잘 짓고 그림을 잘 그렸으며 노래 솜씨도 뛰어났습니다. 게다가 얼굴까지 예뻤으니, 황진이가 사는 마을에는 황진이를 좋아하는 총각이 한둘이 아니었습니다.

황진이가 15세 되던 해의 일입니다.

어느 날, 마을 총각 한 사람이 황진이의 모습을 보고는 상사병에 걸리고 말았습니다.

총각은 자신의 마음을 황진이에게 전하지도 못하고 혼자서 끙끙 앓았습니다. 그러다가 그만 죽어 버렸습니다.

장례식 날, 총각의 시신이 실린 상여는 총각의 집을 떠나 뒷산으로 향했습니다.

그런데 그 상여가 황진이의 집 앞에 이르렀을 때였습니다. 상여를 멘 사람들은 당혹스러운 표정을 지었습니다.

"어, 어? 갑자기 왜 이러지? 발이 땅에서 떼어지지 않네!"

"나도 그래. 발이 땅에 들러붙어 걸음을 옮길 수 없어."

"큰일 났네! 이렇게 되면 상여를 메고 뒷산까지 갈 수 없잖아.

그렇다고 길가에 시신을 묻을 수도 없고……."

상여를 따르던 총각의 가족들은 왜 이런 일이 일어났는지 짐작하고 있었습니다.

"황진이를 이승에 두고 저승으로 가려니, 발길이 떨어지지 않는 모양이야. 아유, 불쌍한 것!"

총각의 영혼을 달래서 저승으로 보내려면 아무래도 황진이의 도움이 필요할 것 같았습니다. 그래서 총각의 가족들은 황진이를 불러내어 사정을 말하고 이렇게 청했습니다.

"치마 저고리를 내어 주시구려. 불쌍한 그 애를 잘 달래서 저승길로 보내야 하지 않겠소."

황진이는 치마 저고리를 꺼내 들고 밖으로 나왔습니다. 그리고는 총각의 관 위에 치마 저고리를 덮어 주었습니다.

그러자 상여꾼들은 얼굴빛이 환해졌습니다.

"야, 이제 괜찮아졌어! 신기한 일이네."

"정말 그렇네."

상여꾼들은 발이 떨어져 상여를 옮길 수 있게 되자, 안도의 한숨을 내쉬었습니다.

"이제 가면 언제 오나!"

"어허야, 어허야!"

상여꾼들은 구슬픈 노래를 부르며 뒷산을 향해 떠났습니다.

황진이는 멀어져 가는 상여 행렬을 보며 슬픔에 잠겼습니다.

'나 때문에 아까운 젊은이가 죽었구나. 이런 부끄러운 과거를 지닌 내가 어찌 시집을 가서 한 남자의 아내가 되겠는가.'

황진이는 총각의 죽음에 큰 충격을 받았습니다. 그래서 집에서 뛰쳐나와 기생이 되었습니다.

황진이는 기생으로서 명월(明月)이라는 이름을 얻었습니다.

황진이가 기생의 길로 들어선 지 얼마 안 되었을 때의 일입니다.

송도 유수 송염이 부임하여 고을에서는 잔치가 열렸습니다. 이 자리에는 황진이도 참석하여 송염에게 인사를 했습니다.

그곳에는 능라비단으로 성장을 한 많은 기생들이 있었습니다. 하지만 송염은 얼굴에 화장도 하지 않고 수수한 차림새인 황진이가 가장 아름다워 보였습니다. 그래서 저도 모르게 이렇게 감탄했습니다.

"과연 절색(빼어나게 아름다운 여자)이구나! 너는 기생이 아니라 하늘나라에서 내려온 선녀 같다."

그로부터 얼마 뒤, 송도 유수 송염은 어머니 환갑 잔치를 베풀었습니다. 환갑 잔치에는 높은 벼슬아치들이 빠짐없이 참석했으며, 서울에서 불러 온 기생들과 소리꾼들이 흥을 돋우었습니다.

잔치 분위기가 무르익자, 송염은 황진이를 불러 노래를 청했습니다. 황진이는 조용히 일어나 노래를 부르기 시작했습니다. 은쟁반에 옥구슬이 구르는 듯 맑고 청아한 목소리였습니다. 노래가 끝나자 송염은 무릎을 치며 감탄했습니다.

"천하 절색이 노래까지 잘하는구나. 천재로다, 천재야. 고려 500년 도읍지인 송도에 명기(노래와 춤을 잘하고 용모가 아름답기로 이름난 기생)가 나왔구나."

이렇게 해서 황진이는 송도에서 가장 유명한 기생이 되었습니다.

'송도 기생 명월'에 대한 소문은 서울에까지 널리 퍼졌습니다. 이 소문을 듣고 서울에서까지 남자들이 찾아왔습니다. 황진이의 마음을 사로잡으려고 수천 냥을 들고 오는 남자도 있었습니다.

그러나 황진이는 이들을 거들떠보지도 않았습니다. 아무리 막강한 권력을 가진 사람일지라도 얼굴조차 보여 주지 않았습니다. 황진이가 관심을 갖는 남자는 따로 있었습니다. 학문이 높고 글을 잘 지으며 인품이 좋은 사람이었습니다.

황진이를 한번 만난 사람들은 모두 황진이의 매력에 빠져 헤어나지 못했습니다.

서울에는 왕족인 벽계수 이혼원이 살고 있었습니다. 어느 날, 벽계수는 송도에 볼일이 있어 가게 되었습니다. 서울을 떠나기 전날, 친구들이 말했습니다.

"자네 송도에 가면 명월에게 푹 빠져 정신을 못 차리겠군."

"맞아. 명월은 송도 제일의 기생 아닌가."

벽계수는 어이없다는 표정을 지었습니다.

"사람을 뭘로 보고 그런 소리야? 아무리 잘난 기생이라도 나한테는 어림도 없지. 내가 눈길 한 번 줄 줄 알아?"

벽계수는 큰소리를 치고는 이튿날 송도로 향했습니다.

그런데 어찌어찌 하다가 벽계수의 이 말은, 입에서 입으로 전해져 송도에 있는 황진이의 귀에 들어갔습니다. 황진이는 혼자 빙그레 웃었습니다.

'어디 자기 맘대로 되는지 두고 보자.'

송도에는 벽계수가 아는 벼슬아치들이 여럿 있었습니다. 이들은 오랜만에 송도 땅에 온 벽계수를 위해 잔치를 열어 주었습니다. 이 잔치에는 송도의 기생들이 여러 명 나왔는데, 그 중에는 황진이도 끼어 있었습니다.

그러나 벽계수는 황진이에게 눈길 한 번 주지 않았습니다. 황진이가 생글생글 웃으며 바라보고 있건만 눈 한 번 마주치지 않았습니다.

잔치가 끝나자 벽계수는 친구 집으로 가려고 나귀에 올라탔습니다. 어느 새 밤이 이슥해져 하늘에는 둥근 보름달이 떠 있었습니다.

"달이 참 밝구나. 서울에서 보던 달보다 더 밝은걸."

벽계수는 달구경을 하며 밤길을 천천히 나아갔습니다. 그때 어디선가 이런 소리가 들렸습니다.

청산리 벽계수야 수이 감을 자랑 마라
일도 창해하면 다시 오기 어려우니
명월이 만공산하니 쉬어 간들 어떠리.

이것은 황진이의 대표적인 시조 작품입니다. 여기서 벽계수는 푸른빛이 도는 맑고 깨끗한 시냇물을 뜻하지만, 동시에 말을 타고 가는 벽계수를 가리키기도 합니다. 명월은 밝은 달이지만 황진이 자신을 가리킵니다. 황진이는 '명월'이라는 기생 이름을 갖고 있기 때문입니다. 황진이는 이 시조에서 벽계수에게 이렇게 말하고 있습니다.

"벽계수야, 수이(쉽게) 감을 자랑 마라. 일도 창해하면(넓고 푸른 바다에 한번 다다르면) 다시 오기 어렵지 않느냐. 명월이 만공산하니, 즉 밝은 달빛이 적막한 산에 가득 찼으니 쉬어 가는 것이 어떻겠느냐."

벽계수는 소리 나는 곳으로 고개를 돌렸습니다. 그곳에는 황진이가 방실방실 웃으며 서 있었습니다. 순간, 벽계수는 숨이 멎는 줄 알았습니다. 달빛에 비친 황진이의 모습이 너무나 아름다웠던 것입니다.

벽계수는 넋을 놓고 바라보다가 그만 나귀에서 굴러 떨어졌습니다.

벽계수도 별수 없었습니다. 황진이를 한 번 보고는 넋을 잃었기 때문입니다.

중종 때 과거에 급제해 형조 판서, 호조 판서, 병조 판서, 이조 판서, 대제학 등의 벼슬을 지낸 소세양은 이름난 시인이었습니다.

젊은 시절 그는 황진이에 대한 소문을 듣고 코웃음을 쳤습니다.

"남자가 오죽 못났으면 한낱 기생에게 마음을 빼앗기겠는가. 명월이 송도 제일의 기생이라고 하지만 나는 절대로 넘어가지 않는다."

소세양은 벽계수와 마찬가지로 큰소리치고는 황진이를 만나러 갔습니다. 그러나 그도 어쩔 수 없었습니다. 소세양 역시 황진이에게 푹 빠져 한 달 동안이나 송도에 머물러 있었습니다.

30일째 되는 날, 소세양은 정신이 번쩍 들었습니다.

'내가 왜 여기서 이러고 있지? 안 되겠다. 어서 서울로 돌아가야겠다.'

소세양은 황진이를 만나 그만 돌아가겠다고 이별을 고했습니다. 그러자 황진이는 소세양과 이별의 술잔을 나누고 시 한 수를 읊었습니다.

오동잎 떨어지는 뜰에 달빛 어리고
찬 서리 속에 노란 들국화 피었네.
누각은 높고 높아 하늘에 닿을 듯하고
우리는 취하도록 술을 마셨네.
거문고 소리는 물소리와 섞이고
매화 향기와 피리 소리 그윽하구나.

우리는 이제 서로 헤어지지만
그리움은 물결처럼 길이길이 흐르리.

이 시가 양곡 소세양을 떠나보내며 지은 〈양곡을 보내며〉입니다. 소세양은 황진이가 읊은 시를 듣고는 가슴이 뭉클해졌습니다. 결국 그는 그 날 바로 떠나지 못하고 며칠 더 머물렀다가 서울로 떠났다고 합니다.

황진이는 소세양을 진정으로 사랑했습니다. 소세양을 떠나보낸 뒤에는 그를 그리워하며 이런 시조를 썼습니다.

어찌 내일에 그리워할 줄을 모르더냐
있으라고 붙잡으면 구태여 가려마는
보내고 그리워하는 정은 나도 몰라 하노라.

황진이는 비록 기생의 몸이었지만,
자신의 감정을 담아 뛰어난 시를 빚을 줄 아는
탁월한 시인이었습니다.

남녀간의 애절한 사랑과 그리움을 노래한 시 중에는 다음과 같은 시조가 유명합니다.

동짓달 기나긴 밤을 한 허리 베어 내어
춘풍 이불 아래 서리서리 넣었다가
어른님 오신 날 밤이거든 구비구비 펴리라.

황진이가 평생 뜨겁게 사랑한 사람이 소세양이라면, 평생 존경하며 스승으로 모신 사람은 화담 서경덕이었습니다.

서경덕은 일생 동안 벼슬을 하지 않고 성리학, 수학, 역학 등을 연구한 큰 학자였습니다. 그는 율곡 이이, 퇴계 이황과 함께 조선 시대 3대 성리학자로 일컬어지며, 〈토정비결〉로 유명한 토정 이지함이 그의 제자였습니다.

황진이는 서경덕을 꼭 만나고 싶었습니다. 시를 잘 짓는 그였지만 더 배우고 싶은 마음이 컸기 때문이었습니다.

'화담 선생님을 스승으로 모시고 학문을 배우도록 하자.'

이렇게 마음을 정한 황진이는 서경덕을 찾아갔습니다. 그리고는 서경덕의 초당에서 지내며 글을 배웠습니다.

서경덕은 보통 선비들과 달랐습니다. 아름다운 황진이를 그저 한 사람의 제자로만 대할 뿐이었습니다. 황진이는 서경덕을 우러러보며 정성을 다해 섬겼습니다.

어느 날, 황진이가 서경덕에게 물었습니다.

"선생님, 송도 사람들은 송도에 삼절(뛰어난 세 가지)이 있다고 말한답니다. 그것이 무엇인지 아십니까?"

"글쎄, 모르겠는걸."

"첫째는 박연폭포, 둘째는 화담 선생님, 셋째는 저 황진이라고 합디다."

"허허, 그래?"

서경덕은 재미있다는 듯 황진이와 마주보고 웃었습니다.

황진이는 〈박연폭포〉라는 시를 짓기도 했습니다.

한 줄기 세찬 물줄기 바위골에 뿜어 내니
폭포수 백 길 넘어 물소리 우렁차다.
거꾸로 쏟는 폭포 은하수와 다름없고
성난 폭포 가로질러 흰 무지개를 걸어 놓은 듯하다.
물벼락이 쏟아져 골짜기에 가득하니
구슬을 빻은 가루들이 맑은 하늘을 뒤덮네.
구경꾼들아, 여산의 경치가 더 뛰어나다고 말하지 마라.
해동에서는 천마산이 으뜸이니.

황진이는 〈박연폭포〉처럼 아름다운 우리 자연을 노래한 시도 여러 편 썼습니다. 현재까지 전해지는 황진이의 시는 시조 6편과 한시 7편입니다. 비록 10여 편에 지나지 않지만 하나같이 뛰어난 작품이어서 오늘날까지 깊은 감동을 주고 있습니다.

황진이가 언제 죽었는지 확실히 알려진 것은 없습니다. 다만 죽기 전에 이런 말을 남겼다고 합니다.

"내가 죽으면 관 속에 넣지 마세요. 시신을 동문 밖 모래사장에 버려, 개미나 새들의 먹이가 되게 하세요."

그러나 이 유언은 지켜지지 않았습니다. 사람들이 황진이의 시신을 송도 근처에 있는 장단 판교리에 묻어 주었기 때문입니다.

1583년(선조 16년), 시인인 백호 임제가 송도에 들렀다가 황진이의 무덤을 찾았습니다. 임제는 조선 시대 8대 문장가 가운데 한 사람이었습니다. 그는 황진이의 무덤 앞에서 제사를 지내 주고 시조 한 수를 읊었습니다.

청초 우거진 골에 자는다 누웠느냐
홍안을 어디 두고 백골만 묻혔는가
잔 잡아 권할 이 없으니 그를 슬퍼하노라.

황진이의 무덤은 북한의 개성직할시 판문군 선적리에 있다고 합니다. 그리고 판문군 맞은편에 있는 임진각 조각 공원 안에는 황진이 시비가 세워져 있답니다.

문학가 편

여성 위인전

중국에 문명을 떨친 천재시인

허난설헌

1563~1589, 조선 시대 선조 때의 시인으로, 이름은 허초희이고 호는 난설헌이다. 허엽의 셋째 딸로 태어났으며 허균의 누나이다. 여덟 살 때 〈광한전 백옥루 상량문〉이라는 시를 써서 신동으로 소문났다. 15세에 김성립과 결혼했지만 남편과 사이가 좋지 않았으며, 딸에 이어 아들마저 병으로 잃는 등 가정적으로는 불행했다. 괴로운 현실을 잊기 위해 많은 시를 썼는데, '그동안 써 놓은 모든 시를 불태워 버려라.'라는 유언을 남기고 27세에 세상을 떠났다. 그러나 동생 허균이 그동안 간직해 온 시들을 정리하여 2년 뒤 시집 〈난설헌집〉을 엮었다. 이 시집은 17년 뒤 중국 명나라에서 출판되어 베스트셀러가 되었으며, 일본에서도 출판되어 큰 인기를 끌었다.

1568년의 어느 날이었습니다.

서울 건천동(지금의 서울시 중구 인현동 1가)에 있는 대사성 허엽의 집 마당으로 두 사람이 들어섰습니다. 허엽의 맏아들인 허성과 둘째 아들인 허봉이었습니다. 허성은 스무 살이고, 허봉은 열여덟 살이었습니다. 그런데 형제가 나란히 생원시에서 장원과 1등으로 급제한 것이었습니다.

마당에서 혼자 놀던 여자아이가 이들을 보고 반갑게 소리쳤습니다.

"경하 드립니다. 오라버니들, 수고 많으셨어요."

"고맙다, 초희야."

허성과 허봉은 활짝 웃으며 어린 동생의 머리를 쓰다듬어 주었습니다. 초희는 이제 겨우 여섯 살이었습니다.

허성과 허봉은 방 안에서 부모님께 큰절을 올렸습니다.

허엽 내외는 두 아들을 흐뭇한 얼굴로 바라보았습니다.

"그동안 꾸준히 공부하더니 기쁜 소식을 가지고 왔구나. 이에 만족하지 말고 더욱 열심히 공부해야 한다. 대과에 급제하여 벼슬길에 올라야지."

"명심하겠습니다."

허성과 허봉 옆에는 초희가 앉아 있었습니다.

초희는 눈을 반짝이며 말했습니다.

"저도 열심히 공부하겠어요. 그래서 오라버니들보다 더 훌륭한 사람이 되겠어요."

"초희야, 여자들은 공부를 많이 할 필요가 없단다. 글을 읽고 배우는 것은 남자들의 몫이야. 여자들은 시집을 가서 살림이나 잘하면 돼."

어머니의 말에 초희는 눈을 동그랗게 떴습니다.

"왜 여자들은 공부를 많이 하면 안 돼요?
여자들은 과거 시험도 못 보나요?
그건 너무 불공평해요."

"남자와 여자는 법도가 달라서 그렇단다. 서로 할 일이 다른 거지."
"피이, 그런 게 어디 있어요? 저는 여자라고 해도 이미 글을 읽고 쓸 줄 아는걸요. 시도 써 보았어요."

초희의 말에 모두들 눈이 휘둥그레졌습니다.

"그게 정말이냐? 어디 한번 네가 지은 시를 보여 주려무나."

"그러죠."

초희는 식구들이 지켜보는 가운데 종이를 펼쳐 놓고 붓을 들었습니다. 그리고는 순식간에 한문으로 지은 시를 써서 보여 주었습니다. 그 시를 한글로 옮겨 놓으면 이런 내용이었습니다.

이웃집 여자 친구들과 그네뛰기 경주를 했어요.
허리띠를 매고 수건을 두르니 선녀가 된 듯싶었어요.
바람을 일으키며 오색 그넷줄을 타고 하늘로 날아오르자,
푸른 버드나무 위로 노리개 소리 댕그랑 울려 퍼져요.

그네를 타는 모습을 생생하게 그려낸 작품이었습니다. 가족들은 시를 읽고 벌린 입을 다물지 못했습니다.

"이 시가 정말 네가 지은 작품이니?"

"누가 가르쳐 준 사람도 없는데, 혼자서 글을 배워 이렇게 멋진 시를 짓다니……."

초희는 어려서부터 총명하고 영특했습니다. 오빠들이 공부하는 것을 어깨 너머로 보고 글자를 익혀, 고작 여섯 살에 그럴 듯한 시를 지은 것이었습니다.

둘째 아들 허봉이 말했습니다.

"초희는 비록 여자로 태어났지만 타고난 글재주가 있습니다. 이것은 배워서 얻을 수 있는 게 아니라 하늘로부터 받은 것이지요. 그 재주를 썩혀 두기 아까우니 초희에게도 글을 가르쳤으면 합니다."

아버지 허엽이 고개를 끄덕였습니다.

"네 말이 옳다. 여자라고 해서 하늘로부터 받은 재주를 썩혀서는 안 되지."

아버지가 허락하여 초희는 그때부터 글을 배우게 되었습니다.

허엽은 화담 서경덕의 제자로서 경주 부윤, 대사헌, 홍문관 부제학 등을 지낸 이름난 정치가였습니다. 그는 한씨 부인과 결혼하여 맏아들 허성과 두 딸을 얻었습니다. 허성은 예조 판서, 병조 판서, 이조 판서 등을 지냈습니다. 그는 임진왜란이 일어나기 직전 조선 통신사의 일원으로 일본을 방문하고 돌아와, 김성일과는 달리 곧 일본이 쳐들어오리라 보고한 것으로도 유명합니다.

허엽은 두 번째 부인인 강릉 김씨 부인과의 사이에 아들 둘과 딸 하나를 낳았습니다. 둘째 아들 허봉과 막내 아들 허균, 그리고 셋째 딸 허초희가 그들입니다.

허봉은 형보다 먼저 대과에 급제하여 벼슬길에 올랐습니다. 교리, 창원 부사 등을 지냈는데, 당파 싸움에 휩쓸려 귀향살이를 했습니다. 그 뒤부터는 초야에 묻혀 살다가 금강산 아래 김화에서 38세로 세상을 떠나고 말았습니다.

허균은 우리나라 최초의 한글 소설인 〈홍길동전〉을 쓴 작가입니다. 26세에 대과에 급제하여 형조 판서, 의정부 참찬 등의 벼슬을 거쳤습니다.

허초희는 조선 시대 대표적인 여성 시인입니다. 난설헌이 호이고, 원래 이름이 초희입니다.

허난설헌은 1563년(명종 18년) 강원도 강릉 땅 초당리에서 태어났습니다. 이곳에는 외갓집이 있었습니다. 다섯 살에 서울로 올라온 허난설헌은 명문 집안에서 자라났습니다. 아버지 허엽은 물론 두 오빠 허성, 허봉, 그리고 남동생인 허균까지 글 솜씨가 뛰어나서, 그 영향을 받아 자연스럽게 글과 가까워졌습니다.

허난설헌이 여덟 살 때의 일입니다. 둘째 오빠 허봉의 친구인 이달이라는 사람이 집에 놀러 왔습니다. 이달은 당시에 시를 가장 잘 쓰는 시인으로 알려져 있었습니다. 하지만 어머니가 종의 신분이어서 벼슬길에 오르지 못하고 있었습니다.

허봉은 이달과 시에 관해 이야기하다가 갑자기 생각난 듯 말했습니다.

"참! 자네 내 누이동생 초희 알지? 그 아이가 올해 여덟 살인데

요즘 열심히 시를 쓰고 있다네."

"호, 어린아이가 시를 쓴다고? 기특하구먼."

"내가 보기엔 보통 솜씨가 아니야. 자네가 봐도 좀 놀랄걸."

"그렇게 시를 잘 쓰는가? 솜씨가 어떤지 한번 보고 싶군."

"좋아. 초희를 불러 주지."

허봉은 허난설헌을 불러 청했습니다.

"초희야, 네가 지은 시가 있으면 이분에게 보여 드려라."

"예, 오라버니."

허난설헌은 자기 방으로 가서 자신의 시 한 수를 가져와 보여 주었습니다. 〈광한전 백옥루 상량문〉이라는 시였습니다. 이달은 시를 찬찬히 읽어 보고는 입이 떡 벌어졌습니다.

"이럴 수가! 여덟 살밖에 안 된 아이가 이렇게 뛰어난 시를 짓다니……. 이럴 수가!"

이달은 믿어지지 않는지 같은 말을 되풀이했습니다.

"여보게, 이 아이는 천재라네. 천재가 아니라면 이런 시를 쓸 수가 없어."

"그렇게 잘 쓴 시인가? 그럼 이 아이는 앞으로 계속 시를 써야겠군."

"당연하지. 초희를 내게 맡기게. 그 재능을 활짝 꽃피우도록 내가 옆에서 도와 줄 테니."

이리하여 허난설헌은 이달의 제자가 되었습니다. 이달에게 시를 배움으로써 더욱 좋은 시를 쓸 수 있었습니다.

이달은 허균에게도 글재주가 있음을 알고는 제자로 받아들였습니다. 허균은 이달을 통해 문학적 재능을 길러 나갔습니다.

허균은 자기보다 여섯 살 많은 누나 허난설헌의 시를 좋아했습니다. 그래서 틈만 나면 읽고 외우는 한편, 따로 적어 두기도 했습니다.

허난설헌은 열다섯 살이 되었습니다. 당시에는 남자나 여자나 일찍 결혼하는 풍습이 있었습니다.

어느 날, 허엽은 허난설헌을 불러 앉혀 놓고 말했습니다.

"너도 열다섯 살이 되었으니 시집을 가야 하지 않겠니? 네 작은 오라비 봉이가 너를 끔찍이 생각해서 좋은 신랑감을 구해 놓았더구나. 5대에 걸쳐 과거에 급제한 안동 김씨 집안의 자제란다. 안동 김씨라면 우리나라에서 손꼽히는 명문 가문이지."

허난설헌은 집안 어른들의 뜻을 따를 수밖에 없었습니다. 정해 주는 대로 시집을 가는 것이 당시 여인들의 운명이었기 때문입니다.

허난설헌의 남편 김성립은 과거 시험을 준비하고 있었습니다. 그러나 재주가 모자라고 노력이 부족한 탓인지 번번이 낙방하는 형편이었습니다.

　김성립은 허난설헌의 남편감으로는 부족한 사람이었습니다. 허난설헌과 마주앉아 학문과 예술을 논할 만한 학식도 없고, 아내를 너그럽게 받아들일 만한 인품도 없었습니다. 오히려 김성립은 재주 많고 똑똑한 아내에 대해 열등감을 가졌습니다. 그래서 아내와 함께 있지 않고 자주 집을 비웠습니다. 과거 시험 준비를 한다며 친구들과 방을 얻어 밖에서 지내는 것이었습니다.

　허난설헌은 그런 남편을 원망하지 않았습니다. 오히려 아내의 도리를 다하려고 남편에게 정성을 다했습니다.

　한번은 김성립과 함께 공부하는 친구가 이런 소문을 퍼뜨렸습니다.

　"김성립이 공부는 안 하고 기생집을 안방처럼 드나들고 있어."

　하녀는 이 소문을 듣고 허난설헌에게 넌지시 아뢰었습니다.

　허난설헌은 좋은 안주와 술을 준비했습니다. 술병에 다음과 같은 시를 적어, 사람을 시켜 김성립에게 보냈습니다.

　　서방님은 다른 마음 먹지 않는데,
　　같이 공부하는 친구는 어째서
　　우리 사이를 갈라놓으려 할까?

결혼한 지 얼마 안 되었을 때, 허난설헌은 공부를 한다며 떠나 있는 남편이 몹시 그리웠습니다. 그래서 이런 시를 쓰기도 했습니다.

제비는 짝지어 처마 밑을 날고
꽃잎은 어지럽게 떨어져 비단옷을 스치는구나.

규방(안방)에서 기다리는 마음 아프기만 한데,
봄풀이 푸르러도 강남 가신 님은 돌아오시지 않네.

허난설헌은 시로써 애타는 마음을 달래며 남편을 기다렸습니다. 그러나 남편은 어쩌다 한번 얼굴을 비칠 뿐, 여전히 밖으로만 돌았습니다.

허난설헌은 시어머니에게도 사랑을 받지 못했습니다. 시어머니는 집안 살림보다 책읽기와 글쓰기를 좋아하는 며느리가 못마땅했습니다. 그래서 주위 사람들에게 며느리 흉을 보았습니다.

"여자가 책을 가까이하고 글을 써서 뭐 하나? 돈이 나오나, 쌀이 나오나? 저렇게 엉뚱한 일에 한눈을 팔고 있으니 남편에게 사랑을 못 받는 거지."

허난설헌은 남편이 자기를 멀리한다고 해서 소홀하게 대하지 않았습니다. 남편이 집에 와서 지낼 때는 오히려 지성으로 섬겼습니다.

김성립에게는 송도남이라는 친구가 있었습니다. 송도남은 김성립이 집에 오기만 하면 직접 찾아와서 이렇게 불러댔습니다.

"멍성립이 덕성립이 김성립이 있느냐?"

그러면 김성립은 놀려대는 그 말을 적당히 받아 넘기지도 못했습니다. 아무 말도 못하고 부르는 대로 나가는 것이었습니다.

보다 못해 허난설헌은 남편에게 대꾸할 말을 가르쳐 주었습니다. 그래서 그 뒤에는 송도남이 또 찾아와서 놀려대는 말을 하자, 김성립은 전과는 달리 이렇게 응수했습니다.

"귀뚜라미 맨드라미 송도남이 왔구나!"

송도남은 이 말을 듣고 너털웃음을 터뜨렸습니다.

"하하하, 오늘은 잘도 받아 넘기는군. 자네 부인이 귀띔해 준 모양이지?"

김성립은 따라 웃지 않고 얼굴을 찌푸렸습니다. 아내보다 똑똑하지 못한 것을 인정한 꼴이 되었기 때문입니다.

남편은 집에 돌아오면 아내를 소 닭 보듯 했습니다. 아내를 다정하게 대해 준 적은 한 번도 없었습니다. 남편이 이런 식으로 나오니, 허난설헌이 믿고 의지할 데는 아이들밖에 없었습니다. 어린 남매가 재롱을 피우는 모습을 보는 것이 가장 큰 즐거움이었습니다.

그러나 운명의 신은 허난설헌에게서 그 즐거움마저 빼앗아 버렸습니다. 아들과 딸을 잇달아 하늘나라로 데려간 것입니다. 허난설헌은 딸에 이어 아들마저 병으로 잃자, 하늘이 무너지는 것 같았습니다. 땅을 치고 통곡하며 피눈물을 흘렸습니다. 허난설헌은 자신의 처절한 마음을 이렇게 시로 썼습니다.

지난해에는 딸을 잃고
올해에는 아들마저 잃었구나.
오, 슬프다, 광릉 땅이여!
작은 두 무덤이 마주보고 서 있구나.
사시나무 가지에는 바람이 쓸쓸히 불고
소나무 숲에 도깨비불 반짝이는데,
지전을 날리며 너희 형제의 혼을 부르고
잔에 술을 따라 무덤 위에 붓는다.
가엾은 너희 형제의 혼은
밤마다 서로 만나 정답게 놀겠지.
지금 뱃속에 아이가 있긴 하지만
어찌 잘 자라기를 바라겠는가.
슬픈 노래 하염없이 부르며
피눈물 흘리고 울음을 삼킨다.

  허난설헌이 이 시에서 한 예감은 빗나가지 않았습니다. 뱃속에 있는 아이도 세상에 태어나지 못하고 죽어 버린 것입니다.
  불행은 여기서 그치지 않았습니다. 경상도 관찰사를 지내던 친정 아버지 허엽이 서울로 올라오다가 상주의 객관에서 갑자기 세상을 뜨더니, 어머니마저 동생 허균과 전라도 지방을 여행하다가 객사(집을 멀리 떠나 임시로 머무르는 곳에서 죽음)하고 말았습니다. 그리고 사랑하는 오빠 허봉은 당파 싸움에 휘말려 함경도 갑산 땅으로 귀양을 떠나게 되었습니다.

허난설헌은 이 소식을 듣고는 오빠를 기리는 시를 썼습니다.

머나먼 갑산 땅으로 귀양을 떠나는 나그네여,
함경도 길 가느라 마음이 바쁘겠구나.
쫓겨가는 신하야 가의 같겠지만
쫓아내는 임금은 어디 초나라 회왕 같겠는가.
가을 언덕에는 강물이 잔잔하고
고개 위 구름은 저녁 노을에 물드는데,
서릿바람에 기러기 울어 예니
차마 발길을 옮기지 못하겠구나.

가의는 한나라 문제 때의 학자였습니다. 문제는 그의 능력을 알고 높은 벼슬을 주려고 했습니다. 하지만 조정 대신들이 반대하여 오히려 지방으로 좌천되고 말았습니다. 실의에 빠진 가의는 결국 33세의 나이로 세상을 떠났습니다.

허난설헌은 오빠를 가의와 견주었는데, 결국 허봉은 가의와 비슷한 신세가 되고 말았습니다. 귀양이 풀린 뒤에는 건강이 나빠져 38세로 세상을 등졌기 때문입니다.

거듭되는 불행에 허난설헌은 살아갈 힘을 잃었습니다. 나오는 것은 한숨이요, 눈물뿐이었습니다. 허난설헌은 자신의 신세를 한탄하며 이런 글을 남겼습니다.

나한테는 세 가지 한이 있다.
첫째, 이 넓고 넓은 세상에서 하필이면 왜 좁은 조선 땅에 태어났는가?
둘째, 조선 땅에서도 하필이면 왜 여자로 태어났는가?
셋째, 여자이면서도 하필이면 왜 김성립과 결혼했는가?

허난설헌은 남존여비(남성을 존중하고 여성을 가볍게 여기는 일) 풍조가 만연한 조선 땅에 여자로 태어나, 남편에게 사랑받지 못하고 사는 것이 한스러웠습니다. 게다가 사랑하는 자식들과 친정 식구들을 차례로 잃었으니, 이제 남은 희망은 아무것도 없었습니다.

그나마 허난설헌을 지탱해 주는 것은 문학이었습니다. 시를 쓰는 순간만은 괴로운 현실을 잊을 수 있었습니다. 허난설헌은 후원에 별낭을 짓고 시를 쓰며 혼자 지냈습니다. 당시에 얼마나 많은 시를 썼는지, 큰 장롱에 원고가 가득 찼다고 합니다.

허난설헌은 자신의 죽음을 예감한 듯, 죽기 얼마 전에는 이런 시를 지었습니다.

> 푸른 바닷물이 구슬바다에 젖어들고
> 파란 난새는 채색 난새와 어울렸구나.
> 아름다운 연꽃 스물일곱 송이 붉게 떨어지니
> 달빛 서리 위에서 차갑기만 하여라.

1589년(선조 22년) 3월 19일, 허난설헌은 깨끗이 목욕을 하고 옷을 갈아입었습니다. 그리고는 집안 사람들을 불러 말했습니다.
"연꽃을 보니 서리 맞아 붉게 되었구나. 오늘이 바로 내가 떠나는 날이다. 내가 죽으면 그동안 써 놓은 모든 시를 불태워 버려라. 그래서 나처럼 시를 쓰다 불행해지는 여자가 다시는 나오지 않도록 하라."

허난설헌은 이런 유언을 남기고 잠자듯 세상을 떴습니다. 27세라는 아까운 나이였습니다.

유언에 따라 허난설헌의 시들은 불태워졌습니다. 그러나 모든 시가 사라진 것은 아니었습니다. 그동안 동생 허균이 간직해 온 시들이 남아 있었던 것입니다.

허균은 누나 허난설헌의 시들을 한데 모아 2년 뒤에 〈난설헌집〉

이라는 시집을 엮었습니다.

  그런데 이 시집은 허난설헌이 죽은 지 17년 뒤에 중국에서 큰 화제를 불러일으켰습니다. 허균이 명나라 사신 주지번, 양유년에게 전해 준 시집이 명나라에서 출판되었는데, 명나라 시인들의 격찬을 받으며 베스트셀러가 되었던 것입니다. 또한 이 시집은 일본에서도 출판되어 독자들에게 큰 인기를 끌었습니다.

  허난설헌은 비록 불행한 인생을 살다가 갔지만, 16세기 조선을 대표하는 시인으로서 우리 문학사에 우뚝 서 있습니다.

문학가 편

여성 위인전

황진이와 쌍벽을 이룬
조선 시대 대표 여성 시인

이매창

1573~1610, 조선 시대 선조 때의 시인이자 부안의 명기이다. 본명은 향금 또는 계생, 호는 매창이다. 아전이었던 이탕종의 딸로 태어나, 아버지의 죽음으로 의지할 곳이 없자 기생에게 맡겨져 기생이 되었다. 시를 잘 짓고 거문고를 잘 타는 기생으로 널리 알려져, 이 소문을 듣고 찾아온 시인 유희경과 평생 사랑하는 사이가 되었다. 이매창의 작품으로 오늘날까지 전해지는 것은 시조 13편과 한시 58편이다. 그의 작품들은 이매창이 죽은 지 58년이 지난 1668년에 시집 〈매창집〉으로 묶어져 나왔다.

"**향금아**, 네 짐은 다 꾸렸니?"

"예, 아버지."

"그럼 출발하자꾸나."

아버지는 어린 딸 향금이를 데리고 마을을 나섰습니다.

향금이는 여자아이인데도 남자 옷을 입고 있습니다. 그래서 꼭 남자아이처럼 보입니다.

아버지는 아이들에게 글을 가르치는 훈장입니다. 하지만 한 군데 오래 머물지 못하고 이 마을 저 마을을 떠돌아다닙니다. 아이들이 적어 서당이 문을 닫는 경우가 많기 때문입니다.

"삼십 리쯤 걸어가면 마을이 나올 거야. 그 마을에 서당을 열기로 했단다."

"이번에 옮겨가는 마을에시는 오래오래 살았으면 좋겠어요. 친구들을 사귀고 정이 들 만하면 마을을 떠나게 되어 너무 섭섭해요."

"그건 나도 마찬가지다. 이사 가는 마을에서 오래 살고 싶으면, 서당이 잘 되게 해 달라고 부처님께 빌어라."

"그럴게요, 아버지."

향금이의 아버지 이탕종은 원래 전라도 부안현의 아전(지방 관아에 딸렸던 하급 관원)이었습니다. 1573년(선조 6년) 아내가 향금이를 낳고 석 달 만에 세상을 뜨자, 아전을 그만두고 훈장이 되었습니다. 엄마 없는 아기를 직접 돌보기 위해서였습니다.

향금이는 아버지의 사랑을 받으며 무럭무럭 자랐습니다. 아버지의 서당에서 아이들 틈에 끼어 어린 나이에 글을 깨우쳤습니다. 그리고 가르쳐 주지 않았는데 혼자서 시를 지었습니다.

"제법이구나. 네가 시를 다 짓다니."

아버지는 향금이의 시를 읽어 보고는 대견해했습니다.

향금이는 어려서부터 재주가 많았습니다. 시를 잘 지을 뿐 아니라 노래를 잘 부르고 거문고를 잘 탔습니다. 또한 성격이 밝고 명랑해 친구들을 잘 사귀었습니다.

이사간 마을에 오래 살고 싶다는 향금이의 꿈은 이루어지지 못했습니다. 마을에서 일 년도 채우지 못하고 또다시 다른 마을로 떠나야 했습니다.

하지만 아버지의 떠돌이 훈장 노릇은 향금이가 열두 살 되던 해에 막을 내렸습니다. 아버지가 중병에 걸려 세상을 떠났기 때문입니다.

향금이는 이제 의지할 곳이 전혀 없었습니다. 그를 돌봐 줄 형제자매도 일가친척도 없었습니다.

향금이의 딱한 처지를 알고 마을 사람 하나가 향금이를 기생에게 맡겼습니다. 그래서 향금이는 자라서 기생이 되었습니다.

향금이의 원래 이름은 '계생'이었습니다. 계유년에 태어났다고 붙여진 이름이었습니다. 향금이는 기생이 되자 이름을 '계랑'이라고 바꾸고 '매창'이라는 호를 지었습니다. 그리하여 '부안 기생 매창'으로 불리게 되었습니다.

"부안 땅에 매창이라는 기생이 있다고? '매창(梅窓)'이라……. '매화나무 창가'라는 뜻이군. 이렇게 멋진 호를 지은 기생이라면 틀림없이 시를 좋아할 거야. 매창에게 시를 지어 바치자."

어느 선비가 매창을 유혹하려고 시를 지어 바쳤습니다.

그러나 참으로 형편없는 시였습니다. 매창은 그의 속셈을 알고는 답시를 썼습니다.

평생 떠돌아다니게 된 일 부끄러워
달빛 비친 창가의 매화나무만 홀로 사랑했다네.
사람들은 조용히 살려는 내 뜻을 모르고
뜬구름이라 손가락질하며 나를 잡으려 하네.

선비는 매창이 보낸 시를 받아 읽고 부끄러워 얼굴을 들지 못했습니다. 그리고는 슬그머니 자취를 감추어 버렸습니다.

이매창은 비록 기생이라 해도 몸가짐을 단정히 했습니다. 깨끗하고 기품 있는 매화나무처럼 스스로 품위를 지켰습니다.

이매창은 시를 잘 지었습니다. 또한 거문고 솜씨도 일품이어서 재주와 미색을 겸비한 기생으로 널리 알려졌습니다.

그러자 이 소문을 듣고 전국 각지에서 시인 묵객(글씨를 쓰거나 그림을 그리는 사람)들이 이매창을 만나러 왔습니다.

그들 가운데는 유희경이라는 사람이 있었습니다. 유희경은 천민 출신으로서 아주 유명한 시인이었습니다.

1591년 봄철의 어느 날, 전라도 지방을 여행하던 유희경이 부안에 들렀습니다. 그는 이매창을 찾아와 시 한 수를 써서 바쳤습니다.

> 남국의 계랑 그 이름 오래 전에 알려져서
> 글재주, 노래 솜씨 서울까지 울렸어라.
> 오늘에야 비로소 그 모습을 대하니
> 선녀가 하늘나라에서 내려온 듯하구나.

이매창은 조용히 시를 읽고 유희경에게 물었습니다.

"서울에서 오셨습니까? 무슨 일을 하시는 분인가요?"

"시를 쓰고 있소. 천한 종 노릇을 했어도 양반들에게는 이름이 조금 알려져 있지요."

이매창은 놀라는 표정을 지었습니다.

"그렇다면 유희경 님이십니까, 백대붕 님이십니까?"

"내가 유희경이오."

백대붕 역시 종의 신분인 유명한 시인이었습니다. 유희경과 함께 '천민 시인'으로 이름을 떨치고 있었습니다. 이매창은 두 사람의 시를 읽은 적이 있었습니다.

"영광입니다. 작품으로만 알던 시인을 이렇게 만나 뵙게 되다니요."

"나도 당신을 만나게 되어 기쁘오."

두 사람은 반갑게 인사한 뒤 이런 저런 이야기를 했습니다.

유희경은 이매창에게 자신의 지난날을 털어놓았습니다.

"나는 서울 대묘동에서 종의 아들로 태어났소. 천한 신분이지만 어려서부터 책을 좋아했지. 자나 깨나 책만 읽으며 지냈소. 아버지가 오랫동안 앓아 누우셨는데 똥오줌을 가리지 못할 정도였다오. 아버지는 늘 기저귀를 차고 있었지. 나는 날마다 동소문 밖 개울로 가서 기저귀를 빨아 치마바위에 널고는, 기저귀가 마를 때까지 책을 읽었소.

아버지가 돌아가신 것은 내가 열세 살 되던 해였소. 하지만 나는 막막했지. 사람을 사서 장례를 치를 돈이 없었거든. 할 수 없이 나는 혼자서 무덤을 만들고, 무덤 옆에 초막을 지어 3년상을 치렀다오.

그러다 보니 내가 효자로 세상에 조금 알려졌나 봐. 어느 날, 학자로 유명한 남언경 선생이 나를 부르더니 내게 예법을 가르쳐 주시는 거요. 덕분에 나는 장례, 상례에 대해 많이 알게 되었지.

그 뒤부터는 초상집에 불려 다니며 장례 일을 봐 주게 된 거요. 나중에는 어떻게 소문이 났는지, 왕실에서 초상이 나도 내게 장례의 예법을 물어 올 정도로 전문가 대접을 받았지.

시를 쓰기 시작한 것은 이 무렵부터였소. 나는 여전히 책을 좋아하여 독서당(젊은 문신을 뽑아 휴가를 주어 글을 읽게 하던 곳)을 드나들었지. 독서당에서는 문신들이 서로 시를 주고받으며 놀고 있더군. 그래서 나는 그 틈에 끼어 시를 지었는데, 그것이 영의정을 지내신 박순 대감의 눈에 띈 거요. 대감은 내가 글재주가 있다며 내게 시를 가르쳐 주셨소. 덕분에 나는 글 솜씨가 점점 늘었고, 과분하게도 시인으로 이름을 얻게 되었지."

"우연히 시를 쓰게 되셨군요."

"그런 셈이지."

이매창은 19세였고 유희경은 47세였습니다. 두 사람은 나이 차가 많았으나 서로에게 끌렸습니다. 둘 다 천한 신분인데다 마음이 순수하고, 시를 쓴다는 공통점이 있었기 때문입니다. 두 사람은 만나자마자 사랑하는 사이가 되었습니다.

하지만 그 사랑을 오래 나눌 수 없었습니다. 유희경은 서울에 집이 있어 곧 돌아가야 했기 때문입니다. 그렇지만 서로에 대한 사랑은 가슴 깊이 간직했습니다. 이매창도 유희경도 다른 사람을 가까이하지 않고 절개를 지켰습니다.

    1592년 임진왜란이 일어났습니다. 유희경은 의병을 일으켜 일본군과 싸웠습니다. 이 공로로 그는 천민 신분을 벗었습니다.
    부안에 있는 이매창은 유희경이 그리워 견딜 수 없었습니다. 붓을 적셔 시조 한 수를 썼습니다.

> 이화우(梨花雨) 흩날릴 제 울며 잡고 이별한 님
> 추풍 낙엽에 저도 나를 생각하는지
> 천 리에 외로운 꿈만 오락가락하여라.

　두 사람은 하얀 배나무의 꽃이 비 오듯 흩날리는 어느 봄날, 울면서 손을 잡고 이별을 한 모양입니다. 어느덧 가을이 되어 바람에 낙엽이 떨어지는데, 님도 나를 생각하는지 헤아려 봅니다. 그리고 꿈속에서는 천 리도 멀다하지 않고 서로 오고 간다는 고백을 합니다.

　이 시조는 이매창의 대표작으로,
시조 문학사에서 손꼽히는 훌륭한 작품입니다.

　이매창의 작품으로 오늘날까지 전해진 것은 시조 13편과 한시 58편입니다. 한시 가운데도 유희경을 그리는 마음이 담긴 작품이 여러 편 있습니다.

　　애끊는 정 말로 다할 수 없어
　　하룻밤 새 머리카락이 반이나 세었어라.
　　이 몸의 괴로움 그대도 알고 싶거든
　　금가락지도 안 맞는 여윈 손 한 번 보소.

　유희경이라고 해서 이매창을 잊고 지내는 게 아니었습니다. 그도 이매창을 그리워하며 밤마다 시를 썼습니다.

그대의 집은 부안에 있고
나의 집은 서울에 있어
그리움 사무쳐도 서로 못 보고
오동나무에 비 뿌릴 제 애만 끊겨라.

유희경과 이매창이 다시 만난 것은 15년이나 지난 뒤, 부안이 아닌 전주에서였습니다. 유희경은 이미 환갑을 넘긴 노인으로 변해 있었지만 이매창은 그를 변함없이 사랑하고 있었습니다.

"이게 꿈인가요, 생시인가요? 너무너무 보고 싶었어요."

"그건 나도 마찬가지요. 당신 생각만 하며 15년을 보냈소."

감격스러운 만남이었습니다. 두 사람은 함께 시를 지으며 꿈같은 시간을 보냈습니다.

그러나 그 시간은 짧기만 했습니다. 이매창과 헤어져 서울로 돌아간 유희경은 아쉬운 마음을 담아 이매창에게 시를 써 보냈습니다.

헤어지고 나서 다시 만날 기약 없어
초나라의 구름, 진나라의 나무가 꿈속에서도 그립구나.
언제나 우리 둘이 동쪽 누각에 기대어 나란히 달을 볼거나.
술에 취한 채 전주에서 시를 읊던 일이나 추억하고 있다오.

이매창에게 유희경이 평생 애틋하게 사랑한 연인이라면, 〈홍길동전〉의 작가 허균은 평생 우정을 나눈 좋은 친구였습니다.

이매창이 허균을 처음 만난 것은 1601년 7월 23일이었습니다. 그때 허균은 전운 판관 벼슬에 있어 세금을 거두러 전라도 지방을 돌아다니고 있었습니다.

부안 땅에 도착한 날, 비가 추적추적 내렸습니다. 허균은 객사에서 머물며 이매창을 불러 거문고 연주를 들었습니다. 그리고 함께 이야기를 나누며 시를 주고받았습니다. 그 뒤 허균은 자주 부안을 방문했습니다. 그때마다 그는 이매창을 불러 함께 경치 좋은 곳을 찾아다니며 시를 짓고 노래를 불렀습니다.

또한 서울에 살면서 이매창과 편지와 시를 주고받았습니다. 1609년 9월 허균은 이매창에게 이런 편지를 보내기도 했습니다. 이 편지는 허균의 문집 〈성소부부고〉에 다른 한 통의 편지와 함께 남아 있습니다.

봉래산의 가을이 한창 무르익어 가니 돌아가고 싶은 마음이 문득 드는구려. 계랑은 내가 시골로 돌아가서 살겠다는 약속을 어겼다고 속으로 웃고 있겠지?

우리가 처음 만났을 때를 생각해 보오. 그때 조금이라도 다른 생각을 했다면, 그대와 내가 어찌 10년이 다 되도록 친하게 지낼 수 있었겠소? ……어느 때 같이 만나 이 마음을 다 털어놓을 수 있을까……. 편지지를 대하니 서글픈 마음이 드는구려.

두 사람은 이처럼 신분을 뛰어넘어 좋은 친구로 지냈습니다.
유희경을 15년 만에 만난 뒤, 이매창은 건강이 나빠졌습니다. 이별의 아픔이 컸는지 앓아눕는 날이 잦아졌습니다. 하지만 이매창은 형편이 어려워 약도 제대로 쓰지 못했습니다.
1610년 여름, 이매창은 쓸쓸히 숨을 거두었습니다. 38세라는 젊은 나이였습니다.
"내가 죽으면 거문고를 함께 묻어 줘요."
이매창은 이런 유언을 남겼다고 합니다.
유희경은 이매창의 몫까지 살았는지 92세로 천수를 누렸습니다. 그는 말년에 이매창을 생각하며 다음과 같은 시를 썼습니다.

맑은 눈 하얀 이에 눈썹 푸른 계랑아.
뜬구름 따라 홀연히 떠나간 곳이 아득하구나.
네 아름다운 넋은 저승으로 갔느냐.
그 누가 너의 옥골을 고향 땅에 묻어 주리.
다행히 정미년에 다시 만나 즐겁게 지냈는데
지금은 슬픈 눈물이 옷을 흠뻑 적시는구나.

이매창은 평생 수백 편의 시를 썼습니다. 그러나 살아 있을 때는 단 한 권의 시집도 내지 못했습니다. 그러다 보니 이매창이 죽자 그의 시들은 대부분 사라졌습니다.

다행스럽게도 부안현의 아전들 사이에 입에서 입으로 전해오던 이매창의 시들이 있었습니다. 이들은 그 시들을 한데 모아 부안 개암사에서 목판으로 시집을 펴냈습니다. 이 시집이 바로 〈매창집〉입니다. 이때가 이매창이 죽은 지 58년이 지난 1668년이었습니다.

이매창의 무덤은 부안군 부안읍 봉덕리에 있습니다. 이매창이 후손도 없이 죽었기 때문에 한동안 나무꾼들이 무덤을 돌봐 주었다고 합니다. 그리고 부안 고을에 남사당패나 유랑 극단이 오면 이매창의 무덤에 참배를 한 뒤에야 공연을 했다고 합니다.

시인 신석정은 부안에도 '부안 삼절'이 있다고 했습니다. 이매창과 유희경, 그리고 부안의 절경인 직소폭포가 '부안 삼절'이라는 것입니다.

문학가 편

여성 위인전

남편 사랑을 문학으로
꽃피운 여성 문인

김삼의당

1769~1823, 조선 시대 정조, 순조 때의 시인으로 호는 삼의당이다. 생년월일이 같은, 한 마을에 사는 하립과 18세에 결혼했다. 그리고 과거 급제를 목표로 공부하는 남편 뒷바라지를 하며 어려운 살림을 꾸려 갔다. 그는 남편이 과거 공부를 그만두자, 1801년 진안 땅 마령의 방화리로 이사하여 농사짓고 시를 쓰며 살았다. 그가 남긴 시는 253편으로, 1930년 문집 〈삼의당집〉 2권이 출간되었다.

날씨가 포근한 봄날이었습니다. 전라도 남원 땅 동춘리 서봉방에서는 혼례식이 열렸습니다. 신랑은 영의정 하연의 후손인 진양 하씨 집안의 6형제 가운데 셋째인 하립이었습니다. 그리고 신부는 대학자 김일손의 후손인 김해 김씨 집안의 딸 삼의당이었습니다.

두 사람은 한 마을에서 태어났습니다. 생년월일이 1769년(영조 45년) 10월 13일로 똑같았습니다.

마을 사람들은 혼례식을 지켜보며 이야기꽃을 피웠습니다.

"신부가 어쩌면 저리도 예쁠까. 봉숭아꽃 같아."

"신랑 좀 봐. 잘생겼잖아. 오죽하면 신부 집에서 그 풍채에 반해 먼저 청혼했을까."

"신랑 신부가 열여덟 살 동갑이지?"

"그래, 같은 해, 같은 달, 같은 날에 태어났지. 성춘향과 이몽룡

처럼."

"야! 보통 인연이 아니네. 하늘이 정해 준 배필이야."

"그렇지. 우리 남원 땅에 성춘향, 이몽룡 부부에 이어 또 한 쌍의 아름다운 부부가 태어났어. 우리 마을의 경사야."

신랑 신부는 마을 사람들의 축복 속에서 첫날밤을 맞이하게 되었습니다. 신방은 신부 집에 차려졌습니다.

신랑은 신부와 한 마을에서 나고 자라 신부에 대해 잘 알고 있었습니다.

'〈소학언해〉라는 책으로 글을 깨치고, 중국 춘추 전국 시대의 고전들을 두루 읽었다지? 〈시경〉까지 공부하여 시도 제법 잘 쓰고……. 겨울에는 책 읽고, 여름에는 시 읊고…… 그렇게 살아왔다니 첫날밤 인사는 시로 해야겠군.'

신랑은 이런 생각을 하고 시 한 편을 지어 신부에게 건넸습니다.

　　이렇게 둘이 만나니 광한루의 신선, 선녀네.
　　오늘 밤은 틀림없이 오래 전부터 맺어 온 인연이 이어진 것.
　　부부란 원래 하늘이 맺어 주는 게 아닐까.
　　세상의 중매라는 것이 모두 어지럽게만 보이네.

시를 읽은 신부는 입가에 미소를 지었습니다.

신부도 그 자리에서 답시를 썼습니다.

> 신선도 18세, 선녀도 18세
> 동방화촉에 좋은 인연
> 같은 해, 같은 달, 같은 날 태어나 한 마을에 사니
> 오늘 밤 우리 만남이 우연은 아니라네.

신랑은 시를 읽고 얼굴이 환해졌습니다.
'내 마음을 읽고 멋진 시로 화답해 오다니……. 내가 신부를 잘 얻었구나.'
신랑은 흐뭇한 얼굴로 신부에게 말했습니다.
"고맙소. 우리가 이제 부부가 되었으니 나는 남편의 도리를 다할 것이오. 당신도 아내의 도리를 다해 주시오. 내게는 어진 아내, 부모님에게는 좋은 며느리가 되어 주시오."
"알겠습니다. 시부모님을 모시는 데 효성을 다하고, 남편을 섬기는 데 정성을 다하겠습니다. 죽을 때까지 당신을 공경하고 당신의 뜻을 어기지 않겠습니다."
"한 가지만 묻겠소. 내가 잘못을 저질러도 내 뜻을 따를 거요?"
신랑의 짓궂은 질문에, 신부는 야무지게 대답했습니다.
"김만중의 소설 〈사씨남정기〉에서 여주인공 사정옥은 이런 말

을 했습니다. '부부의 도는 오륜을 겸한 것이다.'라고요. 아버지에게는 잘못을 일깨우는 아들이 있고, 임금에게는 잘못을 간하는 신하가 있습니다. 또한 형제간에는 서로 권하고 격려하여 바로잡고, 친구간에는 서로 타이르고 책망하여 착하게 됩니다. 하물며 부부간에는 허물이 있어도 어찌 그대로 따르겠습니까?"

첫날밤에 신랑 신부는 마주앉아 시를 주고받고 토론을 벌였습니다.

신랑이 신부에게 물었습니다.

"당신은 시를 좋아하지요? 중국의 시들 가운데 어느 시인의 어떤 구절을 즐겨 외우시오?"

신부가 대답했습니다.

"중국 당나라 시인 두목의 시 가운데
이런 구절이 있지요. '평생 오색 실로
순임금의 옷을 기워 드리고 싶네.'
저는 이 구절을 좋아하여 늘 외우고 있어요."

신랑은 어처구니없다는 듯 말했습니다.

"여자가 어찌하여 그런 구절을 좋아하시오? 남자라면 또 모르지만 여자한테는 어울리지 않는 구절이오."

"저는 그렇게 생각하지 않습니다. 임금을 섬기고 나라를 사랑하는 일이 어째서 남자만의 것이겠습니까? 중국의 역사를 보십시오. 부인이 충성스럽지 못해 하나라와 은나라가 망했고, 서시와 양귀비가 충성스럽지 못해 오나라와 당나라가 망해 갔습니다. 하지만 주나라와 제나라를 보십시오. 주나라는 문왕과 무왕의 후비인 태임과 태사가 터전을 마련하여 크게 일어섰고, 제나라는 애공의 왕비인 현비가 내조를 잘하여 번성해 갔습니다. 이를 보더라도 부인의 충성이 얼마나 큰 힘을 발휘하는지 알 수 있지 않습니까?"

신부가 반론을 펼치자 신랑은 지지 않고 말했습니다.

"사람의 도리를 따지자면 효성이 제일이오. 그런데 당신은 왜 그것을 무시하고 임금에 대한 충성만 이야기하는 거요?"

"옛날에 공자께서 증자에게 이르셨습니다. '입신양명(사회적으로 인정을 받고 출세하여 이름을 세상에 드날림)하여 어버이를 기쁘게 하고 그 이름을 알리는 것이 가장 큰 효다.' 입신양명하려면 벼슬길에 나아가 임금께 충성해야 합니다. 따라서 임금께 충성해 입신양명하는 것이 어버이에 대한 가장 큰 효가 아니겠습니까?"

신랑은 할 말을 잃었습니다. 신부의 말이 옳다고 생각되어서였습니다.

'부모님은 내가 과거에 급제해 벼슬길에 나아가 입신양명하기를 간절히 바라신다. 우리 진양 하씨 집안에서는 이미 오래 전에 벼슬이 끊겼다. 7대조 할아버지가 교리 벼슬을 하신 것이 마지막이었다. 우리 집안은 증조할아버지 때 안산에서 남원으로 내려와 몰락의 길을 걸어왔다. 우리 집안을 다시 일으키려면 내가 벼슬을 해야 한다. 그러기 위해서는 우선 과거에 급제해야 한다.'

그 날 밤 신랑은 굳게 결심했습니다. 반드시 과거에 급제해 집안을 일으키고 부모님을 영화롭게 해 드리겠다고…….

삼의당의 남편 하립은 아내와 떨어져 절에서 공부하기로 했습니다.

절로 들어가기 전에 그는 아내가 지내는 별채 벽에 글씨와 그림을 가득 붙이고 뜰에 꽃을 심었습니다. 그리고 '삼의당'이라고 불렀습니다. 이리하여 삼의당은 아내의 호가 되었습니다.

삼의당은 결혼을 하면서 혼자 다짐한 것이 있었습니다. 남편을 공경하고 순종하겠다는 것이었습니다. 그래서 혼례식을 치르던 날 다음과 같은 시를 지었습니다.

깊숙이 들어앉은 방에서 나고 자라
단정하게 천성을 지켜 나가네.
오래 전에 〈내칙〉이라는 교훈서를 읽어
집안 살림을 훤히 알고 있다네.
시부모님께 효성을 다하고
남편을 공경하리라.
잘하는 일 없지만 잘못도 없이
남편을 순종하며 살아가리라.

삼의당의 가장 큰 소원은 남편이 과거에 급제하는 것이었습니다. 그래서 남편이 공부하러 절방으로 가는 날 이렇게 말했습니다.

"옛사람들은 장소를 잘 골라 공부에 힘썼습니다. 당나라의 시인 백낙천은 향두에서 공부했고, 이태백은 광려에서 공부했습니다. 당신도 이들의 뜻을 본받아 공부에 힘쓰십시오. 그러면 오래지 않아 반드시 크게 성공할 것입니다."

"당신을 두고 떠나려니 발길이 떨어지지 않는구려. 미안하오."

"아닙니다. 서방님은 집안일은 잊으시고 부지런히 공부만 하십시오. 집안일은 제가 알아서 하겠습니다."

하립은 책보따리를 지고 교산의 덕밀암으로 갔습니다. 이곳은 사람들의 발길이 뜸하고 조용한 곳이었습니다. 마음을 가라앉히고 공부에 전념할 수 있었습니다.

집에 남은 삼의당은 마음이 괴로웠습니다. 한밤중에 홀로 누워 있으면 잠도 오지 않았습니다. 남편이 보고 싶어 눈물이 쉴새없이 쏟아졌습니다.

괴롭구나, 괴롭구나! 보고 싶어 괴롭구나!
밤은 이미 깊어서 첫새벽 닭이 우네.
잠 한숨 못 자고 원앙침만 바라보니
쏟아지네, 쏟아지네! 눈물이 쏟아지네!

삼의당은 이런 밤에는 밤을 꼬박 새워 시를 썼습니다. 그것은 시라기보다 절규에 가까웠습니다.

2년이 흘렀습니다. 하립은 서울로 과거를 보러 가게 되었습니다. 삼의당은 여비를 마련해 주며 이렇게 당부했습니다.

"당신은 이제 스무 살입니다. 힘을 내어 공부하여 뜻을 이룰 때입니다. 늙으신 부모님은 사실 날이 얼마 남지 않았습니다. 과거에 급제해 부모님을 영화롭게 해 드려야지요. 그것이 자식의 도리입니다. 꼭 급제해서 돌아오십시오."

하립은 서울로 가서 과거 시험을 보았습니다. 하지만 보기 좋게 떨어지고 말았습니다.

하립은 실망하지 않고 서울에 남아 공부를 계속했습니다. 그리고 또다시 과거 시험을 보았는데 이번에도 낙방이었습니다.

세월이 흐르고 낙방을 거듭하면서 하립은 자신감을 잃었습니다. 느는 것이 한숨이요, 눈물뿐이었습니다.

삼의당은 편지를 보내어 남편을 격려했습니다.

아침으로 가을 바람이 서늘합니다. 객지에서 어떻게 지내시는지요?

옛말에 선비는 가을에 슬퍼한다고 했습니다. 당신은 이 가을에 슬프더라도 뜻을 새롭게 하십시오. 부지런히 공부해 입신양명하

여 돌아오시기 바랍니다. 이것은 제가 늘 바라는 바입니다.

부모님께서는 평안하시니 걱정하지 마십시오.

하립은 서울에서 공부하면서 슬플 때마다 아내의 편지를 꺼내 읽었습니다. 그러면 아내의 얼굴을 대한 듯 마음이 편안해졌습니다.

하지만 마음이 약해져 공부를 그만두고 싶을 때가 있었습니다. 그때는 아내가 그리워 돌아가고 싶다고 고백하는 편지를 보냈습니다. 그러면 삼의당은 남편에게 따끔한 편지를 써 보냈습니다.

서울에는 아내와 헤어져 사는 사람이 몇 명이겠습니까? 그렇게 마음이 약해지시면 어떻게 부모님의 기대와 아내의 소원을 이루어 주겠습니까? 제발 정신을 차리고 공부에 힘쓰십시오.

삼의당은 남편 뒷바라지를 10여 년 이상 했습니다. 그러다 보니 살림은 점점 줄어들고 생계가 어려워졌습니다. 어느 해에는 양식이 떨어져 머리카락을 잘라 팔아 양식을 얻었습니다. 그리고 어느 해에는 비녀를 팔아 남편의 여비를 마련했습니다.

이런 사정을 잘 아는 하립은 더 이상 아내를 고생시킬 수 없었습니다. 그래서 그는 1801년 33세 되는 해에 과거 시험 공부를 그만두고 집으로 돌아왔습니다.

삼의당은 남편을 위로하며 이런 시를 지어 건넸습니다.

> 곱디고운 안개, 푸르디푸른 버들
> 별세계가 열렸다네.
> 서울에서 10년을 분주하던 나그네가
> 오늘은 초당에 앉아 신선이 되셨구나.

삼의당은 공부하는 남편과 떨어져 사는 동안 쉬지 않고 시를 짓고 산문을 썼습니다. 그것들은 대부분 남편과 주고받은 글, 주위 사람들과 시골 생활을 그린 글이었습니다.

어느 날, 남편이 말했습니다.

"실력이 모자라 과거 공부도 그만두었는데, 이제는 농사를 지으며 살고 싶소. 월랑의 북쪽 내동산 아래는 농사지을 땅이 많다고 하오. 그곳으로 이사하고 싶은데 당신도 같이 가겠소?"

"당신이 원하는 곳이면 어디든 좋습니다. 하루라도 빨리 가요."

1801년 12월, 하씨 일가는 진안 땅 마령의 방화리로 이사했습니다. 그리고 다음 해 2월에는 그곳에 새집을 지었습니다.

집 주위에는 나무들이 우거져 있었습니다. 봄이 되자 녹음이 짙어지고 온갖 꽃이 피어났습니다. 여러 새들이 날아와 즐겁게 노래했습니다.

삼의당 부부는 전원 속에 묻혀 농사를 지으며 살아갔습니다. 그리고 틈틈이 시를 썼습니다. 가난하지만 행복한 나날이었습니다.

1804년 3월 26일, 갑자기 시아버지가 돌아가셨습니다. 하지만 집안이 가난하여 장례를 치를 돈이 없었습니다. 할 수 없이 이들은 남의 돈을 빌려 장례를 마쳤습니다.

삼의당 부부는 논을 팔아 빚을 갚으려고 했습니다. 그렇지만 깊은 산골의 땅이라서 끝내 팔리지 않았습니다.

시아버지가 남긴 빚도 엄청나게 많았습니다. 빚쟁이들은 집으로 몰려와 빚을 갚으라고 아우성쳤습니다. 그리고 고을 관헌에 남편을 고발했습니다.

이튿날 남편은 집을 나서며 말했습니다.

"빚 갚을 돈을 구해 오겠소. 영남 땅으로 갈 생각인데, 돈을 구하지 못하면 돌아오지 않겠소."

삼의당은 대문 밖으로 나와 남편을 전송하며 시를 읊었습니다.

장례 빚이 언덕만큼 쌓여

눈물 흘리며 영남 땅으로 떠나는 걸 누가 알겠는가.

살림을 다 팔아도 못 갚을 빚

한 푼인들 어찌 내 몸을 위한 것이리.

정성이 갸륵하여 선녀를 길에서 만나고

도와줄 의인이 반드시 나타나리라.

먼 길 떠나는 남편에게 한 마디 하는 말

아아, 당신 같은 효자가 세상에 또 있을까.

삼의당이 시에서 예언한 대로 남편에게는 행운이 찾아왔습니다. 영남으로 가는 길에 가야산에서 산삼 몇십 뿌리를 캔 것이었습니다. 산삼을 대구 시장에 가서 팔아 그 돈으로 모든 빚을 갚을 수 있었습니다.

삼의당은 1823년 세상을 떠났습니다. 그리하여 진안군 백운면 덕현리에 남편과 같이 묻혔습니다.

그가 남긴 시는 253편이었습니다. 1930년 문집 〈삼의당집〉 2권이 출간되었습니다. 여기에는 시 99편과 산문 19편이 실려 있습니다.

삼의당 시비는 마이산 입구 관안바위에 세워져 있답니다.

사업가 편

여성위인전

국제 무역의 개척자

소현세자빈 강씨

?~1645, 조선 시대 제16대 인조의 맏아들 소현세자의 아내이다. 승지 강석기의 둘째 딸로 태어나 17세에 세자빈으로 뽑혔다. 병자호란 직후 소현세자와 함께 볼모로 청나라의 수도인 심양으로 끌려갔다. 1641년 청나라 황실이 땅을 빌려 줄 테니 농사를 지어 식량을 마련하라고 하자, 세자빈 강씨는 한인 노예들과 소를 사들여 농사일을 시작했다. 농사는 잘 되어 해마다 수확이 늘어났으며, 농사짓는 틈틈이 조선에서 청나라 사람들이 좋아하는 물건을 대량으로 사들여 청나라에 파는 국제 무역을 하여 엄청난 재물을 모았다. 1644년 조선으로 돌아온 이후 인조의 미움을 받아 소현세자가 갑작스레 죽고, 강씨도 인조의 음식에 독을 넣었다는 누명을 쓰고 사약을 받았다.

소현세자는 조선 시대 제16대 인조의 맏아들입니다. 아버지 인조는 1623년 반정으로 광해군을 쫓아내고 임금의 자리에 올랐습니다. 그리하여 소현은 세자로 임명되었습니다.

1627년(인조 5년) 대궐에서는 세자빈을 뽑는 행사가 열렸습니다. 최종 후보로 오른 처녀는 승지 강석기의 둘째 딸 강씨 등 세 사람이었습니다.

그 가운데 가장 눈길을 끈 것은 강씨가 아니라, 아버지가 판서 벼슬에 있는 박씨 처녀였습니다. 보름달처럼 환한 얼굴에 마음씨가 곱고 덕이 있어 보였습니다.

왕은 그 처녀가 마음에 들어 늙은 상궁을 불러 물었습니다.

"저 처녀가 누구냐?"

"박 판서 대감의 따님입니다."

"흠, 인상이 참 좋구나."

왕은 낮은 소리로 말했지만, 귀가 밝은 박씨 처녀는 그 말을 알아들었습니다. 그 뒤부터 처녀는 버릇없이 행동하기 시작했습니다. 점심 식사를 할 때 음식을 손으로 집어 먹는가 하면, 요란한 소리를 내며 음식을 먹었습니다.

'겉보기와는 영 딴판이네. 예의를 차릴 줄 모르니 말이야.'

왕은 처녀의 행동을 보고 눈살을 찌푸렸습니다. 결국 박씨 처녀는 떨어지고 말았습니다.

사실 박씨 처녀가 갑자기 무례한 행동을 한 것은 세자빈에 뽑히지 않기 위해서였습니다. 당시에 내로라하는 명문 집안에서는 왕과 사돈 맺는 것을 달가워하지 않았습니다. 당파 싸움에 휘말려 왕비 집안이 역적으로 몰려 큰 화를 입는 경우가 많았기 때문입니다.

이리하여 잔꾀를 부린 박씨 처녀 대신 강씨 처녀가 세자빈으로 뽑혔습니다.

1627년 12월 27일, 소현세자와 강씨는 경희궁 숭정전에서 가례를 올렸습니다. 그리고 정식으로 부부가 되었습니다.

그 해는 정묘호란이 일어난 해이기도 했습니다. 1610년 여진족 누르하치가 만주 지방에 세운 후금은 점점 세력을 키우더니 조선으로 쳐들어왔습니다. 이 전란이 정묘호란입니다. 후금 3만 군대는 한반도를 휩쓸었으며 인조는 강화도로 피란을 가야 했습니다.

1636년 누르하치에 이어 왕위에 오른 홍타시는 나라 이름을 '청'이라 바꾸었습니다. 그리고는 그 해 12월에 12만 대군을 이끌고 조선으로 쳐들어왔습니다. 이것이 바로 병자호란입니다.

청나라 태종 홍타시의 군대는 조선의 도성인 한양을 향해 무섭게 쳐내려왔습니다.

인조는 12월 14일 소현세자빈, 왕자 등 왕족들을 강화도로 먼저 보냈습니다. 그리고는 이튿날 뒤따라가려고 했습니다. 하지만 강화도로 가는 길목을 청나라 군대가 막고 있어, 할 수 없이 소현세자와 대신들을 데리고 남한산성으로 피신했습니다.

그러나 청나라 군대는 그 뒤를 쫓아와 남한산성을 포위했습니다.

"너희들은 독 안에 든 쥐다. 항복하라!"

남한산성 안에는 1만 3천여 명의 군사가 있었습니다. 이 정도 군사로는 청나라 대군을 무찌를 수 없었습니다.

그때 좋지 않은 소식이 날아들었습니다. 강화도가 청나라 군대에게 점령되고 소현세자빈, 왕자 등 왕족들과 1천여 명의 사람들이 포로로 잡혔다는 것이었습니다.

인조는 더 이상 버틸 힘이 없었습니다. 결국 45일 만에 청나라 태종에게 항복하고 말았습니다.

인조는 남한산성에서 나와 삼전도에 가서 청나라 태종 앞에 무릎을 꿇었습니다. 세 번 절하고 아홉 번 머리를 조아렸습니다. 이렇게 치욕적인 항복 의식을 치른 뒤 청나라와 조약을 맺었습니다.
 소현세자와 세자빈 강씨, 그리고 봉림대군(뒤에 효종 임금)과 대군부인 장씨는 볼모로 청나라에 끌려가게 되었습니다. 이때가 1637년(인조 15년) 2월 8일이었습니다.
 세자 일행은 모두 192명이었습니다. 이들은 눈보라가 몰아치는 겨울 들판을 지나 북쪽으로 나아갔습니다. 3월 30일에는 압록강을 건너 청나라 땅으로 들어섰습니다. 그들 앞에는 광활한 만주 벌판이 펼쳐져 있었습니다.
 만주 벌판을 지나 세자 일행이 청나라의 수도인 심양에 닿은 것은 4월 10일이었습니다.

심양강을 건너자 청나라의 장군 용골대가 부하들을 거느리고 마중을 나왔습니다.

"먼 길 오느라 수고하셨소. 여기부터는 우리가 안내하리다."

그곳은 심양성 남쪽이었습니다. 용골대는 성 안으로 들어서기 전에 이렇게 당부했습니다.

"심양성은 황제 폐하가 계신 곳이오. 그러므로 부인들은 가마에서 내려 말을 타고 성 안으로 들어가야 하오."

"세자빈 마마와 대군부인께서 손수 말을 타야 한다고요? 여보시오, 용골대 장군! 존귀하신 분들께 어찌 그런 망측한 주문을 하는 거요?"

세자를 모시는 신하들은 용골대에게 거세게 항의했습니다.

그러나 용골대는 고집을 꺾지 않았습니다.

"여기는 조선이 아니라 청나라 땅이오. 그 중에서도 황제가 계시는 심양성이란 말이오. 아무리 존귀하신 분들이라 해도 예의를 지켜야 하오."

세자 일행은 손님이 아니라 볼모로 끌려가는 처지였습니다. 이들의 요구에 따를 수밖에 없었습니다.

세자빈 강씨와 대군부인 장씨는 가마에서 내렸습니다. 그리고 난생 처음 말을 타고 성 안으로 들어갔습니다.

이들이 도착하여 짐을 푼 곳은 조선 사신 접대소인 동관이었습니다. 여기서 한 달쯤 묵은 뒤 새 건물인 심양관이 지어지자 그곳으로 이사했습니다.

심양관은 지금의 심양시 아동 도서관 터에 있었습니다. 현재는 그 흔적조차 남아 있지 않지만, 세자 일행은 심양관에서 9년을 살았습니다. 심양관에는 세자와 봉림대군 부부의 숙소뿐 아니라 세자를 모시는 신하들의 방이 따로 있었습니다. 업무에 따라 살림을 하는 내방, 외무를 맡아 보는 예방, 말을 돌보는 병방, 무엇이든 손보아 고치는 공방 등으로 나뉘어 있었습니다. 그리고 심양관 밖에는 하인들이 스스로 숙소를 지어 함께 지냈습니다.

심양관은 청나라에 있는 조선 대사관이나 다름없었습니다. 청나라 정부는 조선에 요구할 것이 있으면 소현세자를 통해서 했습니다.

"우리는 명나라를 공격할 예정이니 조선에 군대를 보내 달라고 하시오."

"청나라 군대의 식량으로 쓸 쌀이 필요하오."

그때마다 세자는 적당한 구실을 붙여 그 요구를 거절했습니다.

"조선은 중국에까지 원정군을 보낼 만한 형편이 못 됩니다. 얼마 되지 않는 군사로 어찌 명나라를 공격할 수 있겠습니까?"

"조선에는 몇 년째 흉년이 들어 백성들이 굶어 죽어가고 있습니다. 그런데 그 많은 쌀을 어떻게 마련하겠습니까?"

인조는 청나라 태종에게 '삼전도의 치욕'을 겪은 뒤 청나라와는 상대하려 하지 않았습니다. 그래서 세자는 인조를 대신하여 청나라와 조선 사이에 아무 문제가 없도록 온힘을 기울였습니다.

한편, 소현세자빈 강씨도 집 안에서 손을 놓고 있지 않았습니다. 어느 날, 세자빈은 심양의 남탑 거리를 지나가게 되었습니다. 그런데 그곳에서는 노예 시장이 열리고 있었습니다. 남자와 여자들을 앞에 세워 놓고 청나라 사람들이 흥정을 하고 있었습니다.

"노예 한 명에 얼마요?"

"여자는 소 네 마리 값이니 은 30냥이고, 남자는 소 여섯 마리 값이니 은 45냥이오."

"아유, 너무 비싸네. 한인 노예에게 터무니없는 가격을 매겨서야 되겠소?"

"무슨 말씀이오? 이 사람들은 포로로 잡혀온 조선 사람들이오. 젊고 건강하고 부지런해서, 일 년만 부려먹어도 몸값이 다 빠진단 말이오."

세자빈은 청나라 사람들이 나누는 이야기를 듣고 소스라치게 놀랐습니다.

'조선 사람들을 사고판다고? 포로로 잡혀 온 것만 해도 서러운데 소, 돼지처럼 청나라 사람들에게 노예로 팔리다니……'

세자빈은 충격을 받았습니다.

'노예 시장이라니, 말도 안 돼. 무슨 수를 쓰든지 저 사람들을 구해야 해.'

세자빈은 이렇게 다짐하며 심양관으로 돌아왔습니다.

"저하, 남탑 거리를 지나다가 끔찍한 광경을 보았습니다. 노예 시장이 있어 포로로 잡혀 온 조선 사람들을 사고파는 거예요."

"나도 노예 시장이 있다는 건 알고 있소. 지난 번 전쟁으로 50

만 명의 조선 사람이 포로로 잡혀 왔다는군."

"예? 그렇게 많이요?"

세자빈은 깜짝 놀랐습니다.

"저하, 그 사람들을 노예로 고생하게 내버려 두실 겁니까? 어떻게든 구해야지요."

"무슨 수로 그 사람들을 구하겠소? 몸값을 주어야 하는데, 우리에게는 가진 돈이 없지 않소. ……그나저나 야단났소. 방금 청나라 황실로부터 연락이 왔는데, 이제부터 우리에게 식량 공급을 중단하겠다는 거요. 그 대신 땅을 빌려 줄 테니 농사를 지어 식량을 마련하라나. 심양관에 있는 사람들은 양반 계층이거나 대궐에서 지내던 사람들이어서 농사를 지어 본 사람들이 전혀 없소. 그러니 어떻게 농사를 짓는단 말이오?"

세자는 한숨을 길게 내쉬었습니다.

그러나 세자빈은 오히려 기쁜 표정을 지었습니다.

"잘 됐네요. 땅을 준다고 하니 우리가 직접 농사를 짓죠, 뭐. 양반이라고 해서 노동을 하지 않는 것은 잘못된 생각입니다."

"그야 그렇지만 그들이 농사를 지으려 하겠오? 농사를 지으면 이 땅에 정착하여 영영 조선으로 못 돌아갈 줄 알 텐데."

"배부른 소리 히지 말고 히세요. 저는 먼저 조선에 사람을 보내 농사에 필요한 종자와 농기구를 가져오겠어요. 아니, 그것뿐 아니라 여기서 팔면 돈이 될 만한 물건도 가져오겠어요. 표범 가죽, 꿀, 삼베, 무명은 몇 배로 이익을 남길 거예요. 청나라에는 그런 물건이 딸리잖아요."

"아니, 그럼 장사까지 하려고?"

"해야지요. 아마 큰돈을 벌 겁니다. 그러면 그 돈으로 조선인 노예들을 사서 조선으로 돌려보내거나 우리 농사를 짓게 하겠습니다."

세자빈은 농사와 장사에 발 벗고 나섰습니다.

청나라 황실은 심양의 야리강가 땅과 왕부촌, 노가촌의 땅을 빌려 주었습니다. 수백 명이 농사를 지을 수 있는 상당히 넓은 땅이었습니다.

세자빈은 당장 한인 노예들과 소를 사들여 농사일을 시작했습니다. 2년 만에 모두 3,319석의 곡식을 거두어들일 수 있었습니다.

수확은 해마다 늘어났습니다. 다음 해에는, 5,024석의 곡식과 620근의 목화를 거두어들였으며, 그 이듬해에는 채소밭 농사도 지었습니다.

세자빈은 이렇게 얻은 곡식을 심양관 사람들의 양식으로 삼았습니다. 그리

고 남는 것은 시장에 내다 팔아 그 돈으로 조선인 노예들을 사서 농부로 부렸습니다. 그랬더니 얼마 안 되어 농부들은 한인에서 조선 사람으로 모두 바뀌었습니다.

심양관은 재정이 넉넉해졌습니다. 이제는 농사짓는 틈틈이 해 오던 장사를 좀더 크게 할 수 있었습니다.

소현세자빈 강씨

세자빈은 인삼, 백자, 수달피, 종이, 담배, 생강 등 청나라 사람들이 좋아하는 물건을 조선에서 많이 들여왔습니다. 그리고는 그 물건들을 몇 배로 값을 올려 청나라 사람들에게 팔았습니다. 그래도 물건들은 가져오기 무섭게 팔려 나갔습니다. 심양관 앞은 물건을 사러 몰려든 인파로 장사진을 이루었습니다.

세자빈은 이렇게 청나라와 국제 무역을 하여 엄청난 재물을 모을 수 있었습니다.

이 재물들은 노예 시장에서 조선 사람들을 구하거나, 세자가 청나라 관리들을 조선 편으로 끌어오는 데 쓰였습니다.

그 즈음 인조는 소현세자와 세자빈 강씨를 의심의 눈초리로 보고 있었습니다.

'세자가 청나라 황실의 힘을 빌려 나를 쫓아내고 자기가 임금 자리에 앉으려는 게 아닐까? 세자빈이 농사도 짓고 무역도 한다던데, 그에 필요한 자금을 마련하기 위해서겠지. 안 되겠다. 세자 부부를 감시해야겠어.'

인조는 내관을 심양으로 보냈습니다. 그래서 세자 부부를 감시하게 하여 비밀리에 보고를 받았습니다.

1644년은 중국의 주인이 바뀐 해였습니다. 청나라가 드디어 명나라를 무너뜨리고 중국 땅을 차지한 것입니다.

청나라 태종의 뒤를 이은 세조는 수도를 심양에서 북경으로 옮겼습니다. 소현세자는 황제를 따라 북경에 들어가 70일을 머물렀습니다. 이때 그는 북경에 와 있던 독일인 신부 아담 샬을 사귀었습니다. 세자는 그에게서 천주학, 천문학, 수학 등에 관한 책을 받았으며, 그를 통해 서양 문물에 눈을 떴습니다.

1644년 11월 26일, 청나라 세조에게 마침내 귀국 허가를 얻은 세자 부부는 봉림대군 부부와 조선으로 향했습니다. 이들은 이듬해 2월 18일 한양에 도착했습니다.

그러나 인조는 세자 부부를 차갑게 대했습니다. 세자가 서양의 책들을 보여 주자, 그는 화를 벌컥 내며 벼루를 집어 들어 세자에게 던졌습니다.

"못난 녀석! 아비가 오랑캐에게 큰 수치를 당했는데 오랑캐 편이 되어 돌아와?"

그 뒤 세자는 조선에 들어온 지 두 달 만에 앓아눕게 되었습니다. 온몸이 검은빛이었고, 몸의 일곱 구멍에서는 붉은 피가 흘러나왔습니다.

의관 이형익이 외서 진찰을 했습니다.

"학질입니다. 침을 놓아 열을 내리겠습니다."

이형익은 세자의 몸에 세 차례나 침을 놓았습니다. 그러자 세자는 3일을 넘기지 못하고 숨을 거두었습니다.

이런 경우, 이형익은 세자를 지키지 못한 죄로 당연히 큰 벌을 받아야 합니다. 그러나 인조는 그를 벌하지 않고 서둘러 세자의 장례를 치렀습니다. 또한 3년 동안 상복을 입어야 하는 예도 무시하고 1년 동안만 상복을 입었다 합니다.

원래는 세자가 죽으면 그 아들이 세자가 되어야 합니다. 그러나 인조는 이를 무시하고 소현세자의 동생인 봉림대군을 세자로 삼아 버렸습니다.

인조는 세자빈도 내버려두지 않았습니다.

어느 날, 수라상을 받은 그는 전복구이를 들다가 소리쳤습니다.

"맛이 이상하다. 누가 독을 넣었구나!"

인조는 세자빈을 의심했습니다. 세자빈을 후원 별당에 가두고 세자빈의 궁녀들을 붙잡아 모진 고문을 했습니다.

그러나 이런 일이 있기 전부터 세자빈은 심한 감시를 받고 있었습니다.

"세자빈과 말하지 마라. 만약에 내 명을 어기면 큰 벌을 내리겠다."

인조는 이미 이런 명령을 내려, 세자빈 주위에 아무도 얼씬 못하게 했습니다. 따라서 세자빈이 인조의 음식에 독을 넣거나, 독을 넣으라고 시키는 것은 처음부터 불가능했습니다.

그런데도 인조는 세자빈에게 죄를 뒤집어씌우고 사약을 내려 죽여 버렸습니다. 1646년(인조 24년) 3월 15일의 일이었습니다.

인조는 세자빈의 세 아들마저 제주로 귀양을 보냈습니다. 그래서 큰아들과 둘째 아들을 12세, 8세의 어린 나이에 죽게 만들었습니다.

그뿐만이 아니었습니다. 인조는 세자빈의 친정에도 보복을 했습니다. 세자빈의 어머니와 두 오빠를 사형에 처했으며, 죽은 세자빈의 아버지 강석기를 삭탈관직(죄를 지은 사람의 벼슬과 품계를 빼앗고 이름을 벼슬아치의 명부에서 없애는 일)시켰습니다. 왕과 사돈을 맺었다가 역적으로 몰려 집안이 풍비박산이 된 것입니다.

세자빈 강씨의 억울한 누명은 80년이 지난 뒤에야 벗겨졌습니다. 1718년(숙종 44년) 모든 사실이 밝혀졌고, 세자빈의 자리를 되찾아 원한을 풀 수 있었습니다.

사업가 편

여성 위인전

제주 사람들을 구한
큰 상인

김만덕

1739~1812, 조선 시대 영·정조 때의 상인이다. 늙은 기생의 수양딸이 되어 기생이 되었다가, 관청에 호소하여 기생 명부에서 이름을 지우고 양인의 신분으로 돌아왔다. 그 뒤 제주의 화북 포구에 객줏집을 차려 육지 상인들을 상대로 장사를 하여 큰돈을 벌었다. 1795년, 몇 년째 계속되는 흉년과 태풍으로 농사를 망치고 조정에서 보낸 구호 식량을 실은 배마저 바닷속에 가라앉자, 전 재산을 풀어 육지에서 곡식을 사와 굶어 죽어 가는 제주 백성들을 구했다. 그 공로로 서울에 가서 대궐과 금강산 구경을 하기도 했다. 김만덕이 살아온 이야기를 적은 〈만덕전〉이라는 책이 전해지고 있다.

"**어머니,** 옛날이야기 좀 해 주세요."

만덕은 저녁을 먹자마자 어머니에게 졸라댔습니다.

어머니가 말했습니다.

"옛날이야기는 어제 해 줬잖니. 넌 어떻게 된 아이가 저녁만 되면 옛날이야기 타령이니?"

"헤헤, 재미있잖아요. 저는 어머니가 들려주시는 이야기가 세상에서 제일 재미있어요."

"애 좀 봐, 이제는 아부까지 하네. 네가 날마다 졸라대는 통에 밑천 다 떨어졌다. 더 이상 들려줄 이야기가 없어."

"어머니, 큰 구렁이를 물리친 장사 이야기를 해 주세요. 그 이야기는 자꾸 들어도 재미있어요."

"금녕굴 구렁이를 죽인 서린 이야기 말이지? 이 이야기는 네 아버지가 해야 재미있는데. 구렁이와 싸우는 장면을 아주 실감나

게 들려주시잖니."

"그건 그래요. 어머니, 뭍으로 가신 아버지는 내일쯤 돌아오시겠죠?"

"글쎄다. 바다만 잔잔하다면 오늘 밤이라도 돌아오실 텐데. 오후부터 바람이 심하게 불어 걱정이구나."

어머니는 얼굴 표정이 어두워졌습니다.

만덕의 아버지 김우열은 제주와 육지를 오가며 장사를 하고 있었습니다. 제주에서 많이 나는 귤, 미역, 전복 등을 전라도 나주에 가져다 팔고 쌀, 무명 등 육지에서 나는 물건을 제주에 가져와 파는 것이었습니다. 장사는 꽤 잘 되었습니다. 아버지는 여기서 번 돈으로 땅도 사고, 서른 칸이 넘는 큰 집도 샀습니다.

장사 일은 몹시 위험했습니다. 제주 바다는 풍랑이 거세어, 배가 바다에 가라앉는 일이 잦았습니다.

만덕이 말했습니다.

"어머니, 너무 걱정하지 마세요. 아버지는 무사히 돌아오실 거예요. 저한테 예쁜 노리개를 사다 주겠다고 약속하셨거든요."

"그랬으면 좋으련만……. 오늘은 이상하게 자꾸만 불길한 예감이 드는구나."

어머니의 예감은 들어맞았습니다. 이튿날 아침, 집으로 날벼락 같은 소식이 날아들었습니다.

"뭐, 뭐라고요? 풍랑을 만나 배가 뒤집혔다고요?"

충격을 받은 어머니는 그 자리에 쓰러졌습니다.

아버지는 배에 실려 있는 물건과 함께 바다 속으로 가라앉았습니다. 제주로 돌아오는 길에 물귀신이 되어 버린 것입니다.

아버지 장례를 마친 어머니는 몸져누웠습니다. 그리고는 몇 달

동안 시름시름 앓다가 끝내 세상을 버렸습니다.

아버지 재산은 배와 함께 거의 사라졌습니다. 조금 있던 것도 어머니 병수발로 써 버려, 남은 재산은 아무것도 없었습니다.

만덕은 하루아침에 고아가 되었습니다. 열두 살 나이에 두 살 아래 동생인 만석을 거느린 소녀 가장이 된 것입니다. 그러나 어린아이 둘이서는 살아갈 방법이 없었습니다. 할 수 없이 각자 친척집에 맡겨졌습니다.

만덕을 거두어 준 사람은 먼 친척 되는 사람이었습니다. 그는 집에 하녀가 필요했는지 만덕을 마구 부려먹었습니다. 만덕은 변변히 얻어먹지도 못하고 밤낮없이 허드렛일을 해야 했습니다.

친척집은 날이 갈수록 살림이 어려워졌습니다.

하루는 친척집 안주인이 만덕을 불러 말했습니다.

"우리도 어려워 너를 다른 집에 보내기로 했다. 그 집에 가면 배를 곯지는 않을 거야."

"고맙습니다."

만덕은 늙은 기생의 집에 보내졌습니다. 늙은 기생은 만덕에게 집안일을 맡겼습니다.

만덕은 조금도 게으름을 피우지 않았습니다. 무슨 일을 하든지 아주 열심히 했습니다. 늙은 기생은 만덕이 마음에 들었습니다.

'괜찮은 아이야. 부지런하고 재주가 있고 얼굴까지 예쁘단 말

이야. 잘만 가르치면 최고의 기생이 되겠어.'

늙은 기생은 만덕을 수양딸로 삼고는 노래와 춤, 가야금·거문고 연주, 글과 그림 등을 가르쳤습니다. 만덕은 이 모든 것을 금세 익혀 기생이 되었습니다.

당시에 기생은 관청에 딸려 있었습니다. 그래서 '관기'라고도 불리었습니다. 관기가 되면 기생 명부에 올라 양반들의 잔치에 불려 나갔습니다.

만덕은 총명하고 아름다워 기생으로서 인기를 얻었습니다. 제주 기생 하면 만덕을 떠올릴 정도로 이름난 기생이 되었습니다.

그러던 어느 날이었습니다. 육지에서 이도원이라는 사람이 순무어사로 내려왔습니다. 순무어사는 지방에 변란이나 재해가 있을 때, 임금의 명을 받들고 와서 난을 진정시키고 백성을 위무하던 특사였습니다. 이도원은 정조의 명을 받고 제주도에 왔는데 잔치 자리에서 만덕을 처음 보았습니다.

'저 여자가 제주 명기 만덕이구나. 소문대로 황진이 뺨치게 재주가 많구나.'

이도원은 만덕의 노래와 춤을 대하고 만덕에게 반했습니다. 그 뒤부터는 틈만 나면 만덕을 불러 함께 지냈습니다. 만남이 거듭될수록 만덕도 이도원이 좋아졌습니다.

하루는 이도원이 만덕에게 말했습니다.

"네가 제주도에서 나올 수 있다면 금강산 구경을 시켜 주고 싶구나."

"금강산이라면 강원도에 있다는 아름다운 산 말입니까?"

"그래, 아름답지. 금강산을 본다면 당장 죽어도 후회가 없다는 우리나라 최고의 산이지. 너도 아마 금강산을 보고 나면 그런 생각이 들 거다."

만덕은 속으로 감탄했습니다.

'야! 얼마나 아름다우면 당장 죽어도 후회가 없다고 했을까? 나리의 말씀을 들으니 금강산에 가고 싶네.'

그러나 만덕은 금강산에 갈 수 없는 형편이었습니다. 금강산에 가려면 제주를 떠나야 하는데, 제주 여자는 제주 밖으로 한 발자국도 못 나가게 법으로 정해져 있었던 것입니다.

왜 이런 법이 생겼을까요?

제주도는 바람이 많고 돌이 많고 여자가 많은 섬이라 해서 '삼다도'라고 불려 왔습니다. 제주도에 남자보다 여자가 많은 것은, 고기잡이하는 남자들이 풍랑을 만나 많이 죽기 때문이었습니다. 그러므로 여자에게 제주를 떠날 수 있게 해 버린다면 제주는 얼마 못 가 사람이 살지 않는 섬이 될지도 모릅니다. 그래서 나라에서는 법으로 정해 제주 여자들의 발을 묶어 버린 것입니다.

이도원이 말했습니다.

"만덕아, 너는 언제까지 기생 노릇을 할래? 스무 살은 기생에게는 환갑이라던데, 이 일을 그만둘 때가 되지 않았느냐? 내가 보기에 너는 재주가 많고 영특할 뿐더러 부지런하기까지 하다. 장사를 하면 잘할 수 있을 거야."

"예? 장사를 하라고요?"

"그래. 너는 지난 번에 내게 아버지 이야기를 하지 않았느냐? 제주 특산물을 육지에 가져다 팔고, 육지의 물건을 제주에 가져와 팔았다면서? 너도 그 일을 하면 되겠구나."

"나리, 장사를 하려면 밑천이 있어야 하지 않습니까? 하지만 저는 가진 것이 없어서……."

"걱정 말아라. 내가 보태 줄 테니."

이도원은 제주로 내려오기 전에는 홍문관 벼슬을 했습니다. 하지만 그는 갑부의 아들이어서 물려받은 재산이 엄청나게 많았습니다.

"이것을 팔아 장사 밑천에 써라. 나는 임무를 마치고 서울로 돌아가는데, 네게 주는 선물이다."

이도원은 만덕 앞에 보물 몇 가지를 내놓았습니다. 만덕은 눈물이 핑 돌았습니다.

'참으로 고마운 분이구나. 천한 기생인 내게 먹고 살 길을 열어

주시다니……'

 이도원이 육지로 떠난 뒤 만덕은 보물을 팔아 장사 밑천을 마련했습니다. 그리고는 곧바로 관청을 찾아가 제주 목사 신광익을 만났습니다.

 "사또, 부탁드릴 일이 있어 왔습니다. 저는 본래 양인의 딸이었습니다. 그런데 어린 나이에 부모를 여의고 친척집에 맡겨졌다가, 그 친척이 저를 기생의 집에 보내는 바람에 어쩔 수 없이 기생이 되었습니다. 사또께서는 저의 억울한 사정을 헤아리시어 저를 양인의 신분으로 되돌려 주십시오."

 만덕은 눈물을 흘리며 제주 목사에게 간절히 청했습니다.

 제주 목사는 만덕의 말이 사실인지 관리를 불러 조사하게 했습니다.

 만덕의 억울한 사정이 밝혀지자 제주 목사가 명을 내렸습니다.

 "관기 만덕의 이름을 기생 명부에서 지우고 양인의 신분으로 되돌려 주어라."

 만덕은 뛸 듯이 기뻐했습니다. 이제 자유의 몸이 되어 새로운 인생을 살게 된 것입니다.

 김만덕은 제주의 화북 포구에 객줏집을 차렸습니다. 객줏집은 객주 영업을 하는 집이었습니다. 객주란, 상인의 물품을 맡아 팔기도 하고, 물품의 매매에 끼어들어 흥정을 붙이기도 하며, 또 그 상인들을 먹여 주고 재워 주기도 하는 영업을 말합니다.

제주 명기 만덕이 객줏집을 차렸다는 소문이 돌자, 육지 상인들은 다투어 객줏집으로 몰려들었습니다. 이들은 객줏집에서 묵어 갈 뿐 아니라 김만덕에게 육지의 물건을 맡겼습니다.

"쌀, 무명, 광목이오. 좋은 값에 팔아 주시오."

김만덕은 육지의 물건을 제주 사람들에게 팔아 이익을 남길 수 있었습니다.

'기생 시절에 양반층을 상대해 보니 양반집 여인들은 화장품, 옷감, 장신구를 무척 좋아하더군. 이런 물건들을 사들여 싼 값에 판다면 아주 잘 팔릴 거야.'

김만덕은 이런 생각을 하고 육지 상인들에게 부탁하여 화장품, 옷감, 장신구를 들여왔습니다. 그러자 그 물건들은 제주에서 불티나게 팔려 나갔습니다.

김만덕은 녹용, 약초, 귤, 미역, 전복 등 제주의 특산물에 눈길을 돌렸습니다. 이런 물건들을 제주 사람들에게 사들여 육지 상인들에게 넘겨주었습니다. 육지 상인들은 제주의 특산물을 적당한 가격에 사들일 수 있어 김만덕의 객줏집으로만 몰려들었습니다.

김만덕은 장사를 하면서 세 가지 원칙을 세웠습니다. 첫째는 이익을 적게 남기고 많이 판다, 둘째는 적당한 가격에 사고판다, 셋째는 반드시 신용을 지키고 정직한 거래를 한다는 것이었습니

다. 이런 세 가지 원칙을 철저히 지켰기 때문에 김만덕의 사업은 나날이 번창할 수 있었습니다.

몇십 년이 흘렀습니다. 김만덕은 제주에서 손꼽히는 큰 상인이 되었습니다. 많은 돈을 벌어들여 제주 부자 김만덕이라면 제주에서 모르는 사람이 없을 정도였습니다.

그러나 김만덕은 돈이 많다고 해서 돈을 펑펑 쓰지 않았습니다. 오히려 더 절약하고 검소한 생활을 했습니다.

"풍년에는 흉년을 생각해 더욱 절약을 해야 돼. 그리고 편안히 사는 사람은 어렵게 사는 사람을 생각해 하늘의 은혜에 감사하며 검소하게 살아야 하고."

김만덕은 주위 사람들에게 늘 이렇게 말했습니다.

그렇다고 김만덕이 돈을 모을 줄만 알고 쓰려고는 하지 않는 인색한 사람은 아니었습니다.

김만덕은 흉년이 들어
굶주리는 이웃이 있으면 아낌없이
돈을 내놓아 도와주었습니다.

어느 날, 김만덕은 제주 독포에 사는 박계곤이라는 사람에 대한 소문을 들었습니다.

박계곤은 제주에서 이름난 효자였습니다. 하루는 장사를 하러 배를 타고 육지를 향해 가다가 풍랑을 만났습니다. 배는 곧 가라앉아 버렸고, 박계곤은 죽을힘을 다해 헤엄쳐 어느 무인도에 닿았습니다.

무인도에는 먹을 것이 아무것도 없었습니다. 닷새를 굶자 정신이 흐릿해지고 온몸에 기운이 쭉 빠졌습니다.

'내가 죽으면 부모님은 누가 모시나? 여기서 이대로 죽을 수는 없어. 구조를 청하는 편지를 쓰자.'

박계곤은 힘을 내어 나뭇조각에 편지를 써서 바다에 띄웠습니다. 그리고는 마음속으로 빌었습니다.

'하느님, 이 편지를 고향에 계신 부모님에게 전해 주세요.'

그의 기도는 기적을 일으켰습니다. 별안간 거센 바람이 불어닥치더니, 빠른 물살을 타고 편지가 독포 갯벌에 닿았습니다.

갯벌 앞에는 박계곤의 집이 있었습니다. 박계곤의 아버지는 문밖으로 나왔다가 나뭇조각을 발견했습니다.

'뭐라고? 계곤이가 풍랑을 만나 무인도에 갇혀 있다고?'

편지를 읽은 아버지는 깜짝 놀라 관가로 달려갔습니다. 관가에서는 급히 구조선을 무인도로 보냈고, 박계곤은 무사히 집으로 돌아올 수 있었습니다.

"하늘이 낳은 효자는 역시 다르구나. 하늘이 그를 구해 주었어."

박계곤의 사연을 듣고 감동을 받은 김만덕은 박계곤의 집을 찾아갔습니다.

"제주에 당신 같은 효자가 있다니 정말 자랑스러워요. 앞으로도 부모님을 잘 섬기세요."

김만덕은 그의 효성을 칭찬하며 녹용, 비단 등의 선물을 주었습니다.

그 무렵 제주에는 몇 년째 흉년이 들었습니다. 그 바람에 양식이 없어 굶주리는 사람들이 늘어났습니다. 1793년(정조 17년)에는 제주 세 고을에 굶어 죽은 사람이 600여 명이나 되었습니다.

"집집마다 굶어 죽은 사람들의 시신이 그득해. 이러다가 제주에 사람의 씨가 말라 버리겠어."

"야단났군. 제주 전체가 공동묘지로 변하게 되었으니……."

제주 사람들은 모두 굶어 죽게 되었다며 근심에 잠겼습니다.

다행스럽게도 이듬해에는 농사가 잘 되었습니다. 때맞춰 비가 내려 들판에는 곡식이 익어 갔습니다. 이대로라면 그 해 농사는 대풍년이었습니다.

그러나 수확을 앞두고 제주에 태풍이 몰려왔습니다. 애써 가꾸어 놓은 농산물들은 모두 날아가 버렸고, 제주 사람들은 이제 꼼짝없이 굶어 죽게 되었습니다.

제주 목사 심낙수는 그 해 9월에 이런 사정을 편지로 써서 조정에 알렸습니다.

태풍으로 올해 농사를 망쳐 제주 사람 모두가 굶어 죽을 위기에 처했습니다. 곡식 2만 섬을 급히 보내 주십시오.

정조는 이 편지를 받고 조정 대신들과 회의를 했습니다.
"제주에 큰 어려움이 닥쳤소. 곡식 2만 섬을 보내 백성들을 살리도록 하시오."
"분부대로 하겠습니다."
임금의 명으로 대신들은 곡식을 여러 배에 나눠 실어 제주로 떠나보냈습니다. 하지만 그 배들은 제주에 닿지 못했습니다. 갑자기 태풍이 불어 닥쳐 바다 속으로 가라앉아 버린 것입니다.
"맙소사! 곡식을 실은 배들이 침몰했대!"
"하느님도 무심하시지. 우리를 모두 굶어 죽게 만들 셈인가?"
사고 소식에 제주 사람들은 망연자실했습니다. 이제는 굶어 죽을 수밖에 없다며 절망에 빠졌습니다.
해가 바뀌어 보릿고개가 되자, 제주에는 굶어 죽는 사람들이 엄청 늘었습니다. 거리에는 장례 행렬이 줄을 이었습니다.
이것을 보고 김만덕은 생각했습니다.
'제주 사람들을 굶어 죽게 내버려 둘 수 없어. 내가 나서서 그

들을 살려야겠다.'

김만덕은 전 재산을 풀어 육지에서 곡식을 사 오게 했습니다. 그 곡식은 총 500여 석이었습니다. 김만덕은 그 가운데 50석을 친척들 몫으로 돌리고, 나머지 450석을 관청으로 보냈습니다.

"제가 전 재산을 털어 육지에서 사들인 곡식입니다. 굶주린 백성들에게 나누어 주십시오."

제주 목사 이우현은 김만덕의 말을 듣고 깜짝 놀랐습니다.

'양반도 아닌 상인이 피땀 흘려 모은 재산을 백성들을 구하겠다고 모두 내놓다니……. 내가 지금 꿈을 꾸고 있는 게 아닐까?'

그러나 꿈은 아니었습니다. 관청 마당에는 쌀이 산더미같이 쌓여 있었습니다.

제주 목사는 곡식을 풀어 굶주린 백성들에게 나누어 주었습니다. 그리하여 백성들은 목숨을 건졌습니다.

"그분이 없었다면 우리는 어떻게 되었을까?"

"모두 굶어 죽었겠지. 그분은 제주 사람들의 은인이야."

제주 사람들은 모이기만 하면 김만덕의 공덕을 칭찬했습니다.

정조는 제주 목사의 편지를 받고 눈이 등잔만 해졌습니다.

"제주에 사는 여인이 전 재산을 털어 굶주린 백성들을 살렸다고? 참으로 고마운 일이구나."

정조는 김만덕에게 상을 내리고 싶었습니다. 남자라면 벼슬을 주겠지만 여자라서 그럴 수도 없었습니다. 그래서 소원이 무엇인지 알아오게 했습니다.

김만덕은 제주 목사를 통해 임금의 뜻을 전해 받고는 이렇게 말했습니다.

"제 소원은 두 가지입니다. 첫째는 서울에 가서 임금님이 사시는 대궐을 우러러보는 것이고, 둘째는 우리나라 최고의 산이라는 금강산을 구경하는 것입니다."

정조는 김만덕의 소원을 전해 듣고는 껄껄 웃었습니다.

"소원이 겨우 대궐과 금강산 구경이라고? 마침 잘 됐다. 나도 그 여인을 만나고 싶으니 어서 서울로 올라오게 하라."

그때 한 신하가 말했습니다.

"전하, 제주에 사는 여인은 제주 밖으로 나오지 못하게 법으로 정해져 있습니다. 그 여인을 내의원 의녀에 임명하여 서울로 불러들이는 것이 어떨까요?"

"흠, 좋은 생각이다. 김만덕에게 내의원 의녀 벼슬을 내리고 속히 서울로 오게 하라."

이리하여 김만덕은 제주를 떠나 서울로 올라왔습니다. 1796년(정조 20년) 늦가을이었습니다.

"양반도 아닌 평민 여자의 몸으로 그처럼 훌륭한 일을 하다니 참으로 기특하구나. 실컷 구경을 하고 푹 쉬었다가 고향으로 돌아가거라."

왕과 왕비는 김만덕의 공을 치하하고 비단 다섯 필을 상으로 주었습니다.

김만덕은 소원대로 대궐을 두루 살폈습니다. 그리고 남산에 올라가 서울 시내를 내려다보았습니다. 성 안에는 초가집과 기와집들이 빽빽이 들어차 있었습니다.

김만덕은 서울에서 겨울을 보내고 이듬해 봄에 금강산에 올랐습니다. 1만 2천개의 봉우리는 빼어나게 아름다웠습니다. 어째서 금강산을 우리나라 최고의 산이라 하는지 알 것 같았습니다.

금강산을 구경하고 서울로 돌아온 김만덕은 우의정 채제공을 만났습니다. 채제공은 임금의 명을 받아 그동안 김만덕을 잘 보살펴 주었습니다.

김만덕이 울먹이는 목소리로 말했습니다.

"구경을 다 했으니 제주로 돌아가겠습니다. 그동안 감사했습니다. 이제 다시는 대감을 뵙지 못하겠군요."

채제공이 말했습니다.

"진나라 시황제와 한나라 무제는 바다 밖에 삼신산이 있다고 했지. 그런데 세상에서는 우리나라 한라산이 영주산이고 금강산이 봉래산이라네, 그들이 말한 삼신산 가운데 하나라고 한다네. 자네는 제주에서 태어나 한라산에 올라가 보고, 또 금강산까지 구경하지 않았는가. 그러니 삼신산 가운데 둘을 정복한 셈이지. 천하의 어느 남자가 자네 같은 일을 했겠는가. 제주 백성들을 구한 일은 아무도 흉내 내지 못할 일이지. 그러니 내 앞에서 마음 약한 소리는 하지 말게."

채제공은 김만덕을 떠나보내기 전에 자신이 쓴 책 한 권을 건넸습니다. 그것은 김만덕이 살아온 이야기를 들어 적은 〈만덕전〉이라는 책이었습니다.

김만덕은 고향 제주로 돌아왔습니다. 그리고는 전과 다름없이 장사를 하며 어려운 사람들을 도왔습니다.

김만덕은 1812년(순조 12년) 세상을 떠났습니다.

오늘날 제주에서는 '만덕 봉사상'을 제정하여, 사업가로서 보기 드물게 사회 봉사에 헌신한 김만덕의 삶을 기리고 있습니다.

의사 편

여성 위인전

우리나라 최초의 여의사

박에스터

1877~1910, 조선 시대 말기의 여의사로, 우리나라 최초의 여의사이다. 본명은 김점동이고, 세례명은 에스더이다. 박유산과 결혼한 뒤, 결혼한 여자는 이름에 남편 성을 붙이는 서양식 관습에 따라 성이 김씨에서 박씨로 바뀌고 박에스더로 불리었다. 이화 학당에서 공부한 뒤 미국으로 유학을 떠나 볼티모어 여자 의과 대학에서 모든 과정을 마치고 의사가 되었다. 1900년 고국으로 돌아와 보구 여관, 광혜원 등에서 의사로 근무했다. 또한 병원이 쉬는 날에는 평안도, 황해도 지방을 돌아다니며 환자들을 돌보고 의료 봉사에 힘썼다. 그리고 홀 부인을 도와 맹아 학교와 간호 학교도 세웠다. 폐결핵을 앓아 34세에 생애를 마쳤다.

"이번 겨울은 성미가 급한가 봐. 아직 11월인데도 추위를 몰고 벌써 찾아오니 말이야."

스크랜턴 부인은 난롯가에 앉아 중얼거렸습니다.

"올해도 얼마 남지 않았네. 세월이 참 빠르다니까. 학교 문을 연 지 벌써 반 년이 되었어."

스크랜턴 부인은 1885년 6월 조선으로 건너온 미국인 선교사였습니다. 그는 조선 사람들에게 하느님의 말씀을 전하는 한편, 1886년 5월에 여성들을 위한 학교를 세웠습니다. 이 학교가 바로 우리나라 최초의 여학교인 이화학당입니다.

그러나 처음에는 학생이 없어 학교를 비워 두어야 했습니다. 당시만 해도 여자가 공부를 한다는 것은 상상할 수 없는 일이었습니다. 따라서 자기 딸을 학교에 보내는 부모는 아무도 없었습니다. 더욱이 서양 사람이 세운 학교여서 엉뚱한 소문이 돌기도 했습니다.

"서양 사람들은 아이들을 데려와서 이것저것 잔뜩 먹인대. 포동포동 살이 찌면 잡아먹는다는 거야."

"눈알을 뽑아 사진기를 만들고, 피를 빨아먹는대. 그러니까 절대로 서양 사람이 있는 학교에 아이들을 보내면 안 돼."

이런 소문을 믿고 사람들은 아이들을 학교에 보내려 하지 않았습니다.

스크랜턴 부인은 학생들을 구하려고 거리로 나섰습니다. 집집마다 찾아다니며 부모들에게 말했습니다.

"따님을 학교에 보내 주십시오. 공짜로 먹여 주고 재워 주고 신학문을 가르쳐 주겠습니다. 또 나이가 들면 시집까지 보내 주겠습니다."

그러나 사람들은 스크랜턴 부인의 말을 믿지 않았습니다.

"당신 속셈을 모를 줄 알아요? 아이들을 모아 서양 나라에 노예로 팔아넘기려는 거죠? 우리는 당신 말을 믿을 만큼 어리석지 않아요."

"절대로 그렇지 않습니다. 저는 하느님을 믿는 사람인데 거짓말을 할 리가 있겠습니까? 원하신다면 서양 나라에 보내지 않겠다는 서약서를 써 드리지요."

스크랜턴 부인이 아무리 사정해도 딸을 둔 부모들은 고개를 내

저었습니다. 딸을 맡기겠다는 사람은 거의 없었습니다.

　스크랜턴 부인은 부모 없는 고아나 어려운 처지에 있는 아이들을 학교로 데려왔습니다. 그렇게 해서 학교 문을 열고 아이들을 가르치기 시작했습니다.

　스크랜턴 부인은 벽시계를 쳐다보았습니다.

　'오후 3시가 다 되어 가네. 김홍택 씨가 딸아이를 데려오기로 했지?'

　김홍택은 아펜셀러 선교사의 집에서 허드렛일을 하는 사람이었습니다. 감리교 목사인 아펜셀러는 1885년 8월 우리나라 최초의 학교인 배재 학당을 세우고, 정동 예배당에서 선교 활동을 하고 있었습니다.

　스크랜턴 부인은 며칠 전에 아펜셀러를 만났습니다. 그 자리에서 부인은 이화학당에 학생이 겨우 세 명뿐이라고 하소연했습니다. 아펜셀러는 걱정스러운 눈빛으로 말했습니다.

　"학교가 잘 되려면 학생이 많아야 하는데 정말 큰일이군요."

　"목사님이 좀 도와주십시오. 주위에 딸을 둔 사람이 있으면 소개해 주세요."

　"그러지요. ……가만있자, 우리 집에서 일하는 김홍택 씨에게 열 살찌리 딸이 있다고 했지? 이름이 점동이라던가……? 제가 김홍택 씨에게 잘 말해서 그 아이를 이화학당에 보내라고 하겠습니다. 너무 걱정하지 마세요."

"고맙습니다, 목사님."

오늘 아침, 스크랜턴 부인은 아펜셀러로부터 반가운 연락을 받았습니다. 김홍택이 딸아이를 데리고 오후 3시에 학교를 찾아오기로 했다는 것입니다.

오후 3시가 되자 학교 건물인 기와집 문을 열고 두 사람이 들어섰습니다. 김홍택과 그의 딸 점동이였습니다.

스크랜턴 부인은 환하게 웃으며 난롯가에서 일어섰습니다.

"김홍택 씨죠? 어서 오세요. 기다리고 있었어요. 날씨가 몹시 추운데 이쪽으로 오십시오."

스크랜턴 부인은 아버지와 딸을 반갑게 맞이했습니다.

"고맙습니다."

점동의 아버지는 공손히 인사하고 난롯가로 가까이 갔습니다.

그러나 점동이는 겁에 질려 우두커니 서 있었습니다. 코가 크고 얼굴이 하얀 서양 여자가 무서웠습니다.

김점동은 17세 때, 스크랜턴 부인을 처음 만났을 때의 일을 이렇게 기록했습니다.

그 날은 무척 추운 날이었다. 스크랜턴 부인은 내내 자꾸 난로 가까이 오라고 하셨다. 나는 그 때까지 난로를 본 적이 없어 잔뜩

겁을 집어먹었다. 눈이 파랗고 얼굴이 하얀 서양 부인이 나를 난로 속에 집어넣으려 하는 줄 알았던 것이다.

아버지의 손에 이끌려 학교에 온 김점동은 이화학당의 학생이 되었습니다. 이화학당으로서는 네 번째 입학생이었습니다.

스크랜턴 부인은 하느님에게 예배를 드릴 수 있게 김점동에게 주기도문과 찬송가를 가르쳐 주었습니다.

이화학당에서는 학생들에게 영어를 가르쳤습니다. 교실에서 선생님이 책을 손에 들고 '북!' 하고 외치면 학생들은 '북!' 하고 따라 했습니다. 선생님이 꽃을 꺾어 들고 '플라워!' 하면 학생들은 '플라워!' 하고 따라 했습니다.

김점동은 열심히 영어 공부를 했습니다. 그러자 영어 실력도 늘어 혼자서 영어로 말할 수 있게 되었습니다.

김점동은 이화학당에 입학한 해에 아펜셀러 목사에게, 다른 세 명의 학생과 정동 예배당에서 세례를 받았습니다. 세례명은 에스더였습니다. 이때부터 에스더로 불리게 되었습니다.

뒷날 에스더는 박유산이라는 사람과 결혼하여 '박에스더'가 되었습니다. 결혼한 여자는 이름에 남편 성을 붙이는 서양 관습에 따라 성이 김씨에서 박씨로 바뀐 것입니다.

1887년 스크랜턴 부인은 이화학당 안에 '보구 여관'을 세웠습니다. 보구 여관은 여관이라기보다 병원이었습니다. 스크랜턴 부인은 조선에서는 여성들이 제대로 치료받지 못하는 것을 안타깝게 생각했습니다.

'조선 여자들은 병에 걸려도 남자들에 비해 제대로 된 치료를 받을 기회가 별로 없다. 남자 의사에게 자기 몸을 맡기려 하지 않기 때문이다.'

스크랜턴 부인은 여성과 아이들을 위한 병원인 보구 여관을 세우고 미국에서 여자 의사를 데려왔습니다. 메타 하워드라는 사람이었습니다. 그는 보구 여관에서 2년 동안 일한 뒤 1889년 조선을 떠났습니다. 그리고 그 이듬해에 메타 하워드에 이어 새로 온 여자 의사는 로제타 셔우드였습니다. 그는 보구 여관에서 환자들을 치료하게 되었습니다.

그때 스크랜턴 부인이 에스더를 불러 말했습니다.

"에스더, 너한테 부탁할 일이 있다. 셔우드 선생님이 환자들을 치료할 때 통역을 맡아 다오."

에스더는 눈이 휘둥그레졌습니다.

"제가요? 저는 겨우 열다섯 살이에요. 영어를 배운 지 3년밖에 안 되었는걸요."

"아니야, 네 실력이라면 훌륭히 할 수 있어. 나는 너를 믿는다."

에스더는 로제타 셔우드의 통역을 맡게 되었습니다. 통역을 하려면 늘 셔우드 선생님 곁에 있어야 하기에, 진찰실은 물론 수술실 안에까지 들어갔습니다.

에스더는 처음 수술 장면을 보고 구역질이 났습니다.

'아유, 끔찍해. 칼로 살을 째고 피를 닦아 내다니……. 의사는 무서운 직업이야.'

그러나 에스더는 여러 환자를 상대하면서 생각이 바뀌었습니다.

'셔우드 선생님은 정말 대단해. 흉측한 환자의 상처도 아무렇지 않게 만지시니 말이야. 나는 비위가 상해 바라보지도 못하는데. 의사는 훌륭한 직업이야.'

에스더는 셔우드 선생님을 돕는 일에 익숙해져 갔습니다.

그러던 어느 날, 셔우드 선생님은 언청이 수술을 했습니다. 윗입술이 날 때부터 찢어져 있는 사람을 언청이라고 합니다. 언청이 수술을 받은 것은 열 살배기 여자아이였습니다. 수술은 잘 끝났습니다. 여자아이는 윗입술이 정상으로 돌아왔습니다. 여자아이와 어머니는 기뻐서 어쩔 줄을 몰랐습니다.

"의사 선생님, 고맙습니다. 이제는 아이들이 저를 언청이라고 놀리지 않겠죠?"

"선생님은 제 아이의 은인이십니다. 이 은혜는 평생 잊지 않겠습니다."

에스더는 기뻐하는 여자아이와 어머니를 보며 가슴이 뿌듯했습니다. 셔우드 선생님은 그야말로 기적을 베풀어 주었습니다.

'의사는 고통 받는 사람들에게
사랑과 희망을 주는구나.
아주 보람된 직업이야.
나도 이다음에 의사가 되고 싶어.'

에스더는 스스로 이렇게 마음을 정했습니다. 그리고는 며칠 뒤 셔우드 선생님께 자신의 마음을 털어놓았습니다.

"선생님, 저도 의사가 되고 싶어요. 의술을 배워 병든 사람들을 돕겠어요."

"잘 생각했다. 조선에는 의사의 손길이 필요한 많은 여자 환자들이 있단다. 네가 의사가 되어 이들을 치료한다면 하느님도 기뻐하실 거야."

셔우드 선생님은 그 뒤부터 에스더에게 틈틈이 의술을 가르쳤습니다. 에스더는 셔우드 선생님 일을 도우며 의학에 대한 공부를 했습니다.

1892년 셔우드 선생님은 의료 선교사인 홀 박사와 결혼했습니다. 그래서 홀 부인이라 불리게 되었습니다.

1893년 에스더의 집에서는 에스더의 결혼을 서둘렀습니다. 18

세가 되었으니 하루빨리 시집을 가라는 것이었습니다.

"선생님, 저는 별로 결혼할 마음이 없어요. 저는 의사가 되어야 하는데, 결혼하여 가정을 이루면 그 꿈을 버려야 하잖아요. 더구나 부모님이 정해 주시는 신랑은 하느님을 믿지 않을 텐데, 어떻게 평생 같이 살 수 있겠어요?"

에스더는 홀 부인과 자신의 문제를 상의했습니다.

"에스더, 결혼은 꼭 해야 한다. 하느님을 믿으면서 네가 의사가 되도록 도와줄 사람을 찾아보자꾸나."

홀 부인은 남편에게 에스더에 대해 이야기했습니다.

홀 박사가 말했습니다.

"에스더가 의사가 되려면 미국 유학을 가야 하지 않겠소? 미국에까지 따라가 아내를 뒷바라지해야 하는데……. 박유산 군이 어떨까?"

박유산은 홀 박사 일을 돕는 젊은이였습니다.

"좋아요. 믿음도 있고 성실한 사람이니 에스더의 좋은 배우자가 되겠어요."

홀 부인은 에스더에게 박유산을 소개했고, 두 사람은 곧 결혼식을 올려 부부가 되었습니다. 1893년 5월 24일의 일이었습니다.

일 년 뒤, 홀 부부는 평양에 가서 광혜원이라는 병원을 차렸습니다. 에스더와 남편 박유산은 뒤따라가서 병원 일을 도왔습니다.

1894년 청나라와 일본 사이에 전쟁이 벌어졌습니다. 평양은 그들의 싸움터가 되었습니다. 병원으로는 부상자들이 몰려들었고, 홀 부부는 의사로서 부상병들을 돌보느라 정신이 없었습니다.

"여보, 정신 차리세요!"

어느 날, 홀 박사는 밤낮없이 부상병들을 치료하다가 쓰러지고 말았습니다. 발진티푸스에 걸린 것입니다. 서울로 옮겨진 그는 끝내 기운을 차리지 못하고 눈을 감았습니다.

1895년 에스더는 조선을 떠나는 홀 부인의 가족, 그리고 남편 박유산과 함께 미국으로 향했습니다. 홀 부인의 도움으로 미국에서 장학금을 받으며 의학 공부를 할 수 있게 된 것입니다.

에스더 부부가 짐을 푼 곳은 미국 뉴욕의 리버티였습니다.

1896년 에스더는 리버티 공립 학교를 거쳐 볼티모어 여자 의과 대학에 들어갔습니다. 메릴랜드 주에 있는 이 대학은 여자 의사를 길러 내는 곳으로, 300여 명의 신입생 가운데 에스더가 가장 나이가 적었습니다.

에스더는 대학에서 밤잠을 줄여 가며 열심히 공부했습니다. 그리하여 4년 뒤에는 모든 과정을 마치고 의사가 되었습니다.

그러니 1900년 6월 에스더는 대학 졸업식장에서 엉엉 울었습니다. 3주 전에 남편이 폐결핵을 앓다가 세상을 떠났기 때문입니다.

박유산은 농장 일과 식당 일을 하여 아내를 뒷바라지했습니다. 하지만 의사가 된 아내의 모습을 보지 못하고 끝내 눈을 감은 것입니다.

'여보, 당신의 희생이 없었더라면 오늘의 이 영광은 없었을 거예요. 당신이 바라던 대로 하느님의 사랑으로 환자들을 치료하는 훌륭한 의사가 되겠어요. 하늘나라에서 저를 지켜봐 주세요.'

에스더는 눈물을 글썽이며 굳게 다짐했습니다.

1900년 11월, 에스더는 꿈에도 그리던 고국으로 돌아왔습니다. 그리고 보구 여관에서 의사로 일하기 시작했습니다. 이 소문은 서울 장안에 쫙 퍼졌습니다.

"개똥이 엄마, 소식 들었어요? 보구 여관에 조선 여자가 의사로 왔대요. 미국에서 의학 공부를 마치고 막 돌아왔대요."

"어머, 그래요? 우리나라 최초의 여의사가 태어났네. 말도 통하지 않는 서양인 의사보다 훨씬 낫겠죠?"

"그럼요. 어디가 아픈지 속 시원히 말할 수 있으니 그게 어디예요? 당장 진찰을 받으러 가야겠어요."

서울에 사는 여자들은 소문을 듣고 보구 여관으로 몰려들었습니다. 에스더는 환자들을 돌보느라 눈코 뜰 새 없이 바빴습니다. 일 년 동안 그를 거쳐 간 환자가 무려 3천여 명이었습니다.

조선 사람들에게는 서양 의술이 신기하고 놀라울 수밖에 없었

습니다. 배를 쨌다가 꿰매는 수술을 보고는 혀를 내둘렀습니다.

"어쩌면 저렇게 감쪽같지? 귀신이 재주를 부리는 것 같네."

에스더는 사람들에게 명의로 소문났습니다. 에스더의 손이 스치기만 해도 병이 씩 낫는다고 할 정도였습니다.

1903년 에스더는 보구 여관에서 평양으로 옮겼습니다. 홀 부인

이 미국에서 돌아와 평양에 다시 병원을 열었기 때문입니다.

"선생님, 꿈만 같아요. 제가 의사가 되어 선생님과 함께 일하게 되다니요. 이게 모두 선생님 덕분이에요."

"아니야. 에스더가 꿈을 이루려고 고생한 결과이지. 우리 힘을 합쳐 환자들을 잘 돌보자꾸나."

"그래요, 선생님. 저는 환자들을 병원에 앉아서만 기다리지 않을래요. 병원에 오고 싶어도 오지 못하는 사람들을 찾아다니며 진료를 하겠어요."

에스더는 자신이 말한 대로 했습니다. 병원이 쉬는 날에는 평안도와 황해도 지방을 돌아다니며 환자들을 무료로 돌보았습니다.

에스더는 가마를 타고 시골 구석구석을 누볐습니다. 한겨울에는 나귀가 끄는 썰매를 타고 산골로 들어갔습니다.

하루는 에스더가 콜레라가 널리 퍼진 시골로 환자들을 찾아다닐 때였습니다. 집집마다 대문에 고양이 그림이 붙어 있었습니다.

"아니, 왜 이런 그림을 붙여 놓았죠?"

에스더가 묻자 마을 사람이 대답했습니다.

"콜레라는 쥐가 옮기는 병이지 않습니까? 이렇게 고양이 그림을 붙여 놓아야 콜레라를 막을 수 있지요."

에스더는 기가 막혔습니다.

'사람들은 콜레라가 물과 음식물을 통해 전염된다는 사실을 전

혀 모르고 있구나. 모두들 미신에 빠져 있어.'

그래서 에스더는 환자들을 돌보러 다니면서, 마을 사람들을 모아 놓고 위생에 대한 강연을 했습니다.

"여러분, 콜레라를 예방하려면 물을 반드시 끓여 드셔야 합니다. 그리고 음식물도 날로 드시면 안 됩니다."

에스더는 의료 활동만 한 것이 아니었습니다. 홀 부인을 도와 맹아 학교와 간호 학교도 세웠습니다.

에스더는 너무나 할 일이 많았습니다. 몸이 열 개라도 모자랄 판이었습니다.

그러는 사이 에스더는 몸속의 병을 키우고 있었습니다. 남편이 앓았던 폐결핵이었습니다.

남의 몸을 돌보느라 정작 자신의 몸을 돌보지 못한 에스더는 결국 오지 못할 길로 서둘러 떠났습니다. 1910년 4월 13일이었습니다.

우리나라 최초의 여의사로서 의료 봉사에 헌신한 그의 삶은 우리나라 의학사에 큰 발자취를 남겼습니다.

변호사 편

여성위인전

가족법 개정 운동에
앞장선 최초의 여성 변호사

이태영

1914~1998, 우리나라 최초의 여성 변호사이자 여성 운동가이다. 1936년 정일형과 결혼한 뒤 가사를 돌보다가 8·15 해방이 되자 33세의 나이로 서울 대학교 법과 대학에 들어갔으며, 졸업 후 제2회 사법 고시 시험에 합격했다. 그 뒤 변호사가 되어 여성들에게 무료로 법률 상담을 해 주는 여성 법률 상담소(현재 한국 가정 법률 상담소)를 차렸다. 1952년부터 가족법 개정 운동을 시작하여 1989년 제3차 가족법 개정 때는 아내의 재산 분할 청구권을 신설하는 등 큰 성과를 거두었다. 여성들의 지위와 권리를 되찾는 데 앞장선 공로를 인정받아 세계 평화상, 막사이사이상, 유네스코 인권 교육상, 세계 감리교 평화상, 국제 변호사회 국제 법률 봉사상 등을 받았다. 저서로 〈현대 여성의 모랄〉, 〈행복의 발견〉, 〈여성으로 태어나서〉 등이 있다.

"대한 독립 만세!"

1919년 3월 1일, 우렁찬 만세 소리는 삼천리 방방곡곡에 퍼졌습니다.

태영네가 살고 있는 평안북도 운산군 사람들은 거리로 뛰쳐나와 독립 만세를 외쳤습니다. 태영의 어머니 김흥원도 장롱 깊이 간직해 두었던 태극기를 꺼내 들고 목이 터져라 만세를 불렀습니다.

태영이 첫돌을 막 넘겼을 때 아버지 이흥국은 광산 사고로 숨을 거두었습니다. 아버지는 금이 많이 묻혀 있다는 운산에서 금광을 하여 날마다 꽤 많은 돈을 벌어들였습니다. 그러나 그 돈은 밤마다 자루에 담겨져, 나귀를 끌고 온 독립 투사들에 의해 독립 운동 자금으로 만주로 보내졌습니다. 그러므로 아버지가 세상을 떠났을 때는 남은 돈이 거의 없었습니다. 어머니는 태영과 두 오빠 등 삼남매를 키우느라 온갖 고생을 해야 했습니다.

어쨌든 어머니는 남편의 영향을 받아 일제에 대한 저항 정신이 강했습니다. 그래서 누구보다 먼저 거리로 뛰쳐나가 독립 만세를 외친 것입니다.

여섯 살 먹은 태영도 오빠들과 함께 어머니 뒤를 따랐습니다.

"일본인들은 너희 나라 일본으로 돌아가라! 우리나라는 우리가 지킨다!"

태영은 사람들이 외치는 소리를 듣고는 고개를 끄덕였습니다.

'맞아. 일본 사람들은 자기네 나라로 돌아가야 해. 왜 남의 나라에 와서 사는 거야?'

태영은 문득 한 마을에 사는 일본 아이의 얼굴이 떠올랐습니다. 아까장이라는 남자아이였습니다. 아버지가 버스 종점에서 일하는데, 태영보다 나이가 많았습니다.

며칠 뒤, 태영은 거리에서 아까창과 마주쳤습니다. 그러자 태영은 눈을 부릅뜨고 아까장에게 소리쳤습니다.

"야! 너는 왜 우리나라에 와서 사니? 너희 나라로 돌아가!"

태영의 앙칼진 목소리에 아까장은 눈물이 글썽해졌습니다. 그러나 태영은 삿대질을 하며 더욱 몰아붙였습니다.

"너희 집이 있는 일본으로 돌아가! 어서!"

태영의 호통에 아까장은 마침내 울음을 터뜨렸습니다. 엉엉 울며 자기 집으로 돌아갔습니다.

이튿날, 태영은 작은오빠 태흡과 집을 지키고 있었습니다. 그런데 별안간 집으로 일본 순사가 찾아왔습니다.

"이 집에 태영이라는 아이가 사느냐?"

"제 동생이 태영인데요."

아홉 살인 태흡이 대신 대답했습니다. 그러자 순사는 태영을 무섭게 쏘아보더니 이렇게 내뱉었습니다.

"주재소에 가자. 조사할 것이 있으니. 너도 같이 가자."

순사는 태영 남매를 붙잡아 주재소로 끌고 갔습니다.

"지금부터 묻는 말에 대답해라. 거짓말하면 감옥에 가둘 거야. 알겠냐?"

순사는 이렇게 윽박지르며 눈을 부라렸습니다.

그러나 태영은 눈만 말똥말똥 뜨고 순사를 바라보았습니다.

이윽고 순사가 물었습니다.

"너 아까장이라는 아이 알지?"

"예."

"그 아이한테 어제 뭐라고 했지?"

"……."

"왜 대답을 못 하니? 뭐라고 했냐니까!"

"일본으로 돌아가라고 했어요."

태영이 당당하게 대답했습니다.

"어째서 그런 말을 했니? 이유가 뭐야?"

"그 아이는 일본 사람이잖아요. 그러니까 일본으로 돌아가야지요. 왜 남의 나라에 와서 사는 거예요?"

태영의 대답에 순사는 얼굴이 굳어졌습니다.

"누가 너한테 그런 말을 했니? 그런 말을 하라고 시킨 사람이 누구야? 어머니니, 오빠니?"

"저한테 시킨 사람 없어요. 저 혼자 생각해서 말했을 뿐이에요. 우리나라 사람은 우리나라에서 살고, 일본 사람은 일본에서 살아야 한다고 생각해요. 그런데 아까장은 이런 것도 모르고 있기에 제가 알려 주었을 뿐이에요."

순사는 태영을 잡아먹을 듯이 노려보았습니다.

"너 또 그런 말 할래? 또 그러면 때려 주고 감옥에 처넣을 거야. 앞으로 조심해."

순사는 위협조로 말하고는 태영 남매를 주재소에서 내보냈습니다.

태영은 일본 순사 앞에서도 겁을 집어먹지 않고 당당하게 자기 할 말을 했습니다. 이렇게 당차고 똑똑한 아이가 뒷날 힘없는 여성들의 편에 서서 가족법 개정 운동을 벌인 이태영입니다. 그는 우리나라 최초의 여성 변호사이기도 합니다.

그러나 이태영은 어렸을 때 고향 마을에서 '맹꽁이' 소리를 들었습니다. 그렇게 된 데는 다음과 같은 사연이 있었습니다.

1918년 태영은 감리 교회에서 세운 광동 소학교에 입학했습니다. 얼마 뒤 학교 게시판에는 웅변 대회가 열린다는 공고문이 나붙었습니다. 태영은 그 공고문을 읽고 마음이 설레었습니다.

'웅변은 나도 웬만큼 할 수 있어. 나도 웅변 대회에 나가자.'

태영은 이렇게 마음을 정하고 참가 신청을 했습니다. 그러나 웅변 대회를 주관하는 엄희안 선생님은 태영을 받아 주지 않았습니다. 웅변을 하기에는 너무 어리다는 생각이 들어서였습니다.

태영은 선생님을 찾아가 선생님의 두루마기를 붙잡고 늘어졌습니다.

"선생님, 웅변 대회에 나가게 해 주세요. 저도 잘할 수 있어요. 선생님은 왜 저만 떨어뜨리셨어요? 제가 여자라서 그런가요?"

태영이 참가자 명단을 보니 모두 남학생이었

습니다. 속상하고 서운해서 더욱더 선생님을 졸라댔습니다.

"너를 참가자로 뽑지 않은 것은 아직 어려서야. 너는 이제 막 학교에 들어온 1학년이잖니."

"저는 교회에서 다섯 살 때부터 연극을 했어요. 실력으로 말하면 4학년이나 마찬가지예요. 그러니까 저를 웅변 대회에 나가게 해 주세요."

태영은 끈질기게 선생님을 졸라 결국은 승낙을 얻어냈습니다.

마침내 학교에서 웅변 대회가 열렸습니다. 난생 처음 웅변을 하게 된 태영은 긴장되고 떨렸습니다.

태영을 응원하러 온 어머니는 태영에게, 연단에 올라가면 어떻게 해야 할지 알려 주었습니다.

"연단에 올라가면 먼저 머리 숙여 절을 해. 그러면 사람들이 손뼉을 칠 거야. 그때부터 웅변을 하면 돼. 그리고 사람들이 박수를 보내면 웅변이 끝난 거야. 처음처럼 절을 하고 연단에서 내려오면 된다."

"알았어요, 어머니."

태영은 자기 순서가 되자 연단에 올라갔습니다. 머리 숙여 절을 하자 사람들이 손뼉을 쳤습니다. 태영은 그것을 신호로 웅변을 시작했습니다. 제목이 '나는 여자입니다' 였습니다.

"나는 딸입니다. 어머니들은 아들을 낳으면 기뻐하고 딸을 낳으면 슬퍼합니다. 슬퍼서 엉엉 웁니다. 딸을 자꾸 낳으면 집안 망한다고 통곡을 합니다. 딸이 그렇게 나쁜 것인가요?"

태영은 눈물을 흘리며 웅변을 했습니다. 그러자 사람들이 감동하여 중간에 박수를 보냈습니다.

'이제 웅변이 끝났다고 연단에서 내려오라는 소리로구나.'

태영은 이렇게 생각하여 웅변을 하다 말고 연단에서 내려왔습니다.

사람들은 이해할 수 없다는 듯 태영을 돌아보았습니다.

어머니가 말했습니다.

"태영아, 웅변을 하는 도중에 내려오면 어떡하니?"

"어머니가 일러 주셨잖아요. 사람들이 박수를 보내면 웅변이 끝난 줄 알고 내려오라고요."

"이런, 맹꽁이! 너 잘한다고 박수를 보내는데 왜 중간에 내려오니?"

주위에 있던 사람들이 배꼽을 잡고 웃었습니다. 태영은 창피하여 쥐구멍에라도 들어가고 싶었습니다.

"으앙으앙……!"

태영은 너무도 속상해 어머니 치마 속에 머리를 감추고 목 놓아 울었습니다.

이런 일이 있고부터 태영은 '맹꽁이'라는 별명을 얻었습니다.

"계속 웅변을 했으면 넌 일등이야. 그런데 중간에 내려와 일등을 놓쳐? 이런, 맹꽁이!"

태영을 보는 사람마다 모두들 맹꽁이라고 놀렸습니다. 태영은 창피하여 큰길로 다닐 수가 없었습니다. 그래서 일부러 산을 넘어 학교를 오고갔습니다.

큰오빠 태윤은 태영보다 열두 살이 많았습니다. 어머니가 서울로 유학을 보내 배재 고보를 졸업했는데, 평안북도 영변에서 미국인 여선교사 밀러와 에스더의 서기 일을 보며 운전을 하게 되었습니다. 그래서 가족들은 태윤을 따라 영변으로 이사를 했습니다.

태영은 눈물이 날 만큼 기뻤습니다.

'이제부터는 맹꽁이라고 놀림을 받지 않겠네. 야호!'

영변은 김소월의 시 〈진달래꽃〉의 무대로, 봄이면 흐드러지게 피는 진달래꽃으로 유명했습니다. 이사한 집은 남산 기슭에 있는데, 집 앞에는 천여 평에 이르는 밭이 있었습니다. 큰오빠 태윤은 농업 학교 선생님의 도움을 받아 그 밭에 사과나무와 배나무를 심었습니다. 그리고 그 주변에는 뽕나무를 심었습니다.

태영의 어머니는 부지런하기로 소문났습니다. 사람은 몸을 아끼지 말고 일해야 한다며 밤낮없이 일에 매달렸습니다. 농사일은 물론 도배, 장판 하는 일까지 거뜬히 해치웠습니다. 특히 바느질

솜씨가 뛰어나, 한번 척 보기만 해도 양복을 똑같이 지었습니다.

태영은 이런 어머니 밑에서 어려서부터 집안일을 배웠습니다. 물 긷기, 나물 캐기, 불 지피기, 설거지하기, 돼지 먹이 주기, 장 보기 등은 태영이 도맡아 했습니다. 태영은 열두 살 이후에는 스스로 옷을 만들어 입기까지 했습니다.

태윤은 18세에 결혼하여 5남 4녀를 낳았습니다. 태영은 여름 방학 때는 조카를 등에 업고 나무그늘에 앉아 책을 읽었습니다.

아버지를 일찍 여읜 태영에겐 열두 살 많은 오빠가 아버지와 다름없었습니다. 태윤은 어린 여동생을 끔찍이 사랑했습니다. 서울에 출장을 갈 때는 언제나 잊지 않고 선물을 사다 주었습니다. 태영은 오빠 덕분에 영변에서는 맨 처음 대륙 고무신도 신고 운동화도 신을 수 있었습니다. 태윤은 자식들보다도 여동생을 먼저 챙겼던 것입니다.

"태영아, 너는 말도 잘하고 당차니까 변호사를 하는 게 좋겠다."

태윤은 태영이 일곱 살 때부터 이런 말을 했습니다. 그래서 태영은 변호사가 무슨 일을 하는지도 모르고 변호사가 되겠다고 마음먹었습니다.

"넌 이담에 커서 뭐가 될래?"

운산에 살 때 사람들이 물으면 태영은 씩씩하게 대답했습니다.

"변호사가 될래요."

"변호사가 뭐 하는 사람인데?"

"몰라요."

"변호사가 되겠다면서 변호사가 뭔지 몰라? 역시 맹꽁이네."

사람들은 재미있다는 듯 태영을 또 맹꽁이라고 놀렸습니다. 그러면 태영은 부끄러워 얼굴을 붉혔습니다.

영변으로 이사 와서도 태영은 변호사가 뭔지 몰랐습니다. 하지만 변호사가 되려면 공부를 열심히 해야 한다는 말을 누군가에게 듣고는, 날마다 밤늦게까지 공부에 열중했습니다.

어머니는 믿음이 좋은 분이었습니다. 자녀들에게 늘 이렇게 말했습니다.

"지금까지 살아온 것은 모두 하느님의 은혜다. 행복이 와도 불행이 와도 하느님의 뜻으로 알고 모든 것을 기쁘게 받아들여라."

어머니는 평생 교회에 다니며 하느님만 의지하고 살았습니다. 태영은 이런 어머니의 영향을 받아 철이 들어서는 하루도 빠짐없이 기도했습니다.

어머니는 또 이런 말을 자주 했습니다.

"딸자식을 공부시키는 집이 드물지만, 나는 아들딸 가리지 않고 모두 공부시키겠다."

그런데 어느 날 아침, 어머니는 자식들의 방을 둘러보고는 저도 모르게 이렇게 탄식했습니다.

"공부해야 할 아들은 일찌감치 자 버려 호롱불의 기름이 그대로 남아 있고, 공부하지 않아도 될 딸은 밤새워 공부해 호롱불의 기름이 다 닳았구나."

이불 속에 있던 태영은 이 말을 듣고 벌떡 일어나 앉았습니다. 그리고는 어머니에게 따져 물었습니다.

"어머니, 평소에는 아들딸 가리지 않고 모두 공부시키겠다고 하셨잖아요. 그런데 공부하지 않아도 될 딸자식이라니요? 저는 하느님도 그렇게 생각하시느냐고 여쭈어 보겠어요. 그래서 그렇다고 하면 치마를 뒤집어쓰고 구룡강에 빠져 죽을래요."

깜짝 놀란 어머니는 태영에게 사과했습니다.

"내가 잘못했다. 네 오빠가 공부하지 않는 것이 속상해서 마음에도 없는 말을 했단다. 너도 똑같은 자식인데 어떻게 딸이라고 차별하겠니."

어머니는 태영의 손을 꼭 잡으며 말했습니다.

"태영아, 걱정하지 말고 공부만 열심히 해라. 네 뒷바라지는 내가 다 할 테니까. 너를 끝까지 공부시키마. 약속할게."

어머니는 태영을 달래며 손을 걸어 다짐했습니다.

태영은 뒷날 어머니를 회상하며 이런 말을 했습니다.

"둘째 오빠와 내가 평양에 유학할 수 있었던 것도 다 어머니의 정신적 힘이 컸지. 어머니는 우리에게 늘 끝까지 공부시키겠다고

말씀하셨어. 어머니는 그 끝이 어디인지 모르셨을 거야. 평양 정의 여자 고등 보통 학교인지 이화 여자 전문 학교인지, 아니면 미국 유학까지인지……."

 태영은 영변의 숭덕 학교 2학년 때 평양 정의 여자 고등 보통 학교 편입 시험을 보았습니다. 그 결과는 일등 합격이었습니다.

 큰오빠는 이 소식을 듣고 기뻐 어쩔 줄을 몰랐습니다.

 "태영아, 장하다. 열심히 공부하더니 좋은 결과를 얻었구나. 축하한다."

 "어머니와 오빠들 덕분이에요. 저를 많이 도와주셨잖아요."

 "태영아, 너는 아직 기차를 타 보지 않았지? 이 오빠가 평양에 있는 학교까지 바래다 주마."

 평양으로 유학을 떠나는 날, 태영은 큰오빠와 함께 집을 나섰습니다.

 교과서에서 사진으로나 보던 기차였습니다. 그 기차를 타고 평

양으로 간다는 것이 꿈만 같았습니다.

평양역에 도착한 그들은 학교로 향했습니다. 평양 서문통 사거리까지 왔을 때, 태영은 '박태성 변호사 사무소'라는 간판을 보고 큰오빠에게 말했습니다.

"오라버니, 나한테 변호사가 되라고 하셨죠? 저기 좀 봐요. 내가 될 변호사를 저 사람이 먼저 하잖아요."

큰오빠는 웃음을 터뜨렸습니다.

"하하하, 너는 변호사를 딱 한 사람만 하는 줄 아니? 그렇지 않아. 변호사는 시험에 합격하면 누구나 할 수 있단다."

"오라버니, 변호사가 하는 일이 뭐예요?"

"변호사는 재판을 할 때 법정에서 검사에 맞서 죄인 편을 들지."

"예? 죄인은 나쁜 사람이잖아요."

"재판이 끝나기 전까지는 죄인인지 아닌지 확실히 모르지. 만약에 죄를 짓지 않았는데 벌을 받으면 어떻게 되겠니? 너무 억울하잖아. 그래서 변호사는 억울한 사람을 법으로써 변호해 주는 거야."

태영은 오빠의 말을 듣자 더욱 변호사가 되고 싶어졌습니다.

"오라버니, 저는 꼭 변호사가 되겠어요.
그래서 억울한 사람들을 많이 구하겠어요."

"그래, 변호사가 되겠다는 꿈을 반드시 이루어라. 너는 훌륭한 변호사가 될 수 있을 거야."

오빠의 격려를 받으며 태영은 학교 생활을 열심히 했습니다. 졸업할 때까지 줄곧 일등이었습니다.

그러나 태영은 정의 여자 고등 보통 학교를 졸업하고 곧바로 대학에 가지 못했습니다. 황달병에 걸렸기 때문입니다. 게다가 집안 형편이 어려워 학비 마련이 여의치 않았습니다.

생각다 못해 태영은, 병이 다 낫자 모교인 운산의 광동 소학교에 교사로 취직했습니다. 그리하여 일 년 동안 아이들을 가르쳐 학비를 마련했습니다.

태영은 이듬해에 서울에 있는 이화 여자 전문 학교 가사과에 입학했습니다. 변호사의 꿈을 가지고 있었지만, 당시에 법과 대학에서는 여자를 신입생으로 받아 주지 않았습니다. 그래서 태영은 여성에 대해 깊이 연구할 수 있고 가정 생활에 도움이 되리라는 생각에 가사과를 전공으로 택한 것입니다.

태영은 머리를 싸매고 공부만 했습니다. 일등을 해야만 장학금을 받아 학교를 계속 다닐 수 있기 때문이었습니다. 태영은 소원대로 해마다 장학금을 받아 학비 걱정 없이 공부만 할 수 있었습니다.

태영은 학교에서 좋은 은사님을 만났습니다. 잊지 못할 선생님들이 여럿 있었습니다. 그 가운데 가장 기억에 남는 선생님은 가사과의 해리어트 모리스 교수였습니다. 서양 요리 시간에 이런 일이 있었습니다.

모리스 교수는 병따개를 들어 보이며 학생들에게 물었습니다.

"이 병따개를 누가 발명했는지 아십니까?"

학생들은 서로 얼굴을 보았습니다. 대답하는 사람은 아무도 없었습니다. 그제야 모리스 교수가 말했습니다.

"병마개를 이빨로 따느라 고생하는 아내를 보고 남편이 병따개를 발명했습니다."

모리스 교수는 덧붙여 말했습니다.

"여자들도 남자들처럼 생각하고 연구해서 창조하십시오. 남자가 하는 일을 왜 여자는 못하는 겁니까?"

모리스 교수의 말은 태영에게 큰 충격을 주었습니다.

'남자가 하는 일을 왜 여자는 못하는가? 생각하라. 그리고 연구해서 창조하라.'

이 말은 태영의 머릿속에서 한 번도 떠나지 않았습니다. 그리고 평생 가슴에 새기고 철저히 지켜 나가는 생활 신조가 되었습니다.

1933년 본과 1학년이 된 태영은 생각지도 않게 법률 공부를 하게 되었습니다. 연희 전문 학교 정광현 교수의 법률 경제 특별 강의가 개설된 것입니다.

　태영은 눈을 반짝이며 열심히 강의를 들었습니다. 법률 공부를 하는 것이 기쁘고 즐거웠습니다. 첫 학기 중간 고사가 끝나자, 정광현 교수는 조용히 태영을 불렀습니다.

　"너는 법률학에 소질이 있는 것 같다. 계속해서 법률 공부를 하지 않겠니?"

태영은 정광현 교수의 말을 듣고 가슴이 벅찼습니다.

'법률학이 내 적성에 맞는구나. 공부하면 나도 변호사가 될 수 있겠어.'

법률 공부에 푹 빠져든 태영은 그 뒤부터 가방 두 개를 들고 다녔습니다. 가사에 관한 책들이 담긴 가방과 법률학 책들이 담긴 가방이었습니다.

두 가지 공부를 하자니 늘 시간에 쫓기고 바빴습니다. 그래서 층계를 두 칸씩 건너뛰어 다녔는데, 태영에게는 '축지법을 쓰는 학생'이라는 별명이 붙었습니다.

1936년 이화 여자 전문 학교를 졸업한 태영은 법률 공부를 하러 일본이나 미국으로 유학을 떠나고 싶었습니다. 그러나 학비와 생활비를 마련하지 못해 곧바로 떠날 수 없었습니다.

'우선 취직을 하여 돈을 벌자. 그 다음에 유학을 가는 거야.'

태영은 평양 여자 고등 성경 학교에 교사로 취직했습니다. 선교사가 설립한 학교인데 2년제였습니다. 태영은 이 학교에서 가사와 음악을 가르쳤습니다. 학생들은 태영을 좋아하여 모두들 잘 따랐습니다.

태영은 학교 일을 하며 남산 교회를 다녔습니다. 이때 남산 교회에서 만난 사람이 미국 드루 대학 대학원에서 철학 박사 학위를 받고 돌아온 정일형 목사였습니다. 그는 1927년 연희 전문 학교 문과를 졸업했는데, 대동강 건너편 공장 지대인 신리에 공장 건물을 빌려 개척 교회를 하고 있었습니다.

이태영과 정일형은 여름 방학 때 감리교 총리원 주최로 열린 금강산 수양회에 참석했다가 가까워졌습니다. 두 사람은 수양회가 끝난 뒤 해금강을 구경하며 많은 이야기를 나누었습니다.

그때 정일형이 물었습니다.

"이 선생님은 언제 결혼하실 겁니까?"

"저는 지금 결혼할 형편이 못 돼요. 공부를 해야 하거든요."

"공부는 결혼하고도 할 수 있지요. 안 그래요?"

두 사람은 마음이 통하여 자연스럽게 가까워졌습니다. 그리하여 그 해 12월 26일, 정의 여자 고등 보통 학교 강당에서 결혼식을 올렸습니다.

평안도 지방에서는 첫날밤을 보내고 나서 신부가 시어머니에게 절을 하는 풍습이 있었습니다. 그때 시어머니는 난데없이 이런 말을 했습니다.

"애야, 우리 아들은 경찰서를 안방 드나들 듯이 한단다. 그래서 단 하루도 마음 편할 날이 없어."

시어머니의 말은 사실이었습니다. 이튿날 일본 형사가 느닷없이 집에 들이닥친 것입니다.

남편은 이태영과 결혼하기 전에 이미 네 번이나 감옥에 갔혔습니다. 일본 경찰은 정일형이 어려운 농촌 현실과 농촌 교회의 상황을 책으로 펴내자, 그에게 간첩죄를 뒤집어씌웠습니다. 조선의 비참한 농촌 실정을 조사하여 미국에 보고한다는 것이었습니다.

그 뒤에도 정일형은 여러 번 일본 경찰에게 끌려가 감옥에 갇혔습니다. 일본이 원하는 대로 창씨개명(우리의 성과 이름을 일본식으로 바꾸어 짓도록 한 일)을 하지 않고 신사 참배를 거부했기 때문입니다.

정일형은 엄청난 고문을 당했습니다. 걷지 못할 정도로 온몸을 두들겨 맞거나 전기 고문까지 받았습니다. 그때마다 그의 몸은 만신창이가 되었습니다.

이태영은 어린 자식들을 돌보며 남편의 옥바라지를 했습니다. 하지만 약값이며 사식비며 도저히 그 비용을 감당할 수 없었습니다. 그는 견디다 못해 누비이불을 만들어 머리에 이고 다니면서 팔았습니다.

1943년 겨울의 어느 날이었습니다. 이태영은 이불 보따리를 머리에 이고 신촌역 앞을 지나가고 있었습니다. 서대문 밖 잔다리를 다녀오는 길이었습니다.

이태영은 뜻하지 않게 대학 때 은사님을 만났습니다. 그분은 바로 법률을 가르쳐 준 정광현 교수였습니다.

"쯧쯧, 태영이도 별수 없군. 법률 공부는 아주 집어치운 거야?"

그 날 저녁, 이태영은 집으로 돌아와 밤새도록 울었습니다. 눈물을 흘리며 그는 마음속으로 굳게 다짐했습니다.

'언젠가 반드시 법률 공부를 다시 시작할 거야. 그래서 보란 듯이 변호사의 꿈을 이루고야 말겠어.'

이태영은 1945년 해방을 맞이하기 반 년 전까지 누비이불 장사를 했습니다. 그리고 틈틈이 삯바느질도 했습니다.

정일형은 1937년에 감리교신학교 교수가 되었습니다. 하지만 걸핏하면 붙잡혀 들어가 교수 생활을 별로 하지 못했습니다. 그 바람에 이태영은 신학교 사택에서 쫓겨나, 낯모르는 아주머니 집에서 셋째 아이를 낳기도 했습니다. 이 아이가 바로 뒷날 국회의원이 되는 정대철입니다.

이태영은 온갖 고생을 겪으면서도 용기를 잃지 않았습니다. 오히려 당차게 이렇게 외쳤습니다.

"고생이여, 모두 내게 오라! 내가 너희들을 이기리라!"

1945년 8월 15일, 일본이 물러가고 해방이 되었습니다. 이때 이태영은 친정집에 와 있었습니다. 서울에 가 있던 남편에게서 편지가 왔습니다.

사랑하는 아내여, 거리를 돌아다녀도 나를 잡아가는 사람이 없소. 확실히 자유로운 세상이 온 모양이오.

이제부터는 당신이 평생 원했던 법률 공부를 하시오. 당신이 나 때문에 숱한 고생을 했는데, 앞으로는 내가 당신 뒷바라지를 하겠소. 내가 머리털을 베어 당신 신을 엮지는 못할망정, 죽어 혼령이 되어서라도 그 은혜를 잊지 않고 갚아야 하지 않겠소.

아이들을 데리고 빨리 서울로 올라오시오. 그리고 바로 공부를 시작하시오. 내년 3월부터 대학교가 남녀 공학이 된다고 하니, 입학 시험을 치러 법과 대학에 들어가시오.

나는 반드시 당신 소원을 이루어 주겠소. 그것이 당신 사랑에 대한 보답이니까.

이태영은 남편이 권하는 대로 서울 대학교 법과 대학을 지원하여 당당히 합격했습니다. 1946년, 그의 나이 33세였습니다. 서울 대학교 최초의 여학생이자 주부 학생이 탄생한 것입니다.

이때 이태영은 네 아이의 엄마가 되어 있었습니다. 아이들을 키우면서 공부를 한다는 것은 여간 어렵지 않았습니다.

이태영의 집에는 일하는 여자아이가 있었습니다. 이태영이 학교에서 공부하는 동안, 여자아이는 이태영의 막내 아기를 안고 교수 회관 아래 코스모스 밭에서 기다렸습니다. 그러면 두 시간 강의가 끝날 때마다 이태영은 그곳으로 달려가 막내 아기에게 젖을 먹였습니다.

"미숙아, 배고팠지? 어서어서 젖을 먹어라. 엄마는 또 강의를 들으러 가야 해."

이런 사정을 모르는 동료 학생들은 모두들 고개를 갸우뚱했습니다.

"태영 누님은 왜 강의가 끝나기 무섭게 달려 나가세요? 쉬는 시간에 도대체 어디를 다녀오시는 겁니까?"

학생들이 그 이유를 물으면 이태영은 말없이 웃기만 했습니다.

이태영에게는 목표가 있었습니다. 사법 고시에 합격하는 것이었습니다.

이태영은 제1회 사법 고시 시험에서 떨어졌습니다. 하지만 실망하지 않고 더욱 공부에 매달렸습니다. 남편의 배려로 따로 방을 얻어 하루 스무 시간씩 공부했습니다. 그리하여 1952년 제2회 사법 고시 시험에 당당히 합격했습니다.

"여보, 축하해요! 당신이 사법 시험에 합격하다니……. 이제는 사법관 실무 수습을 마치면 판사나 검사 발령을 받을 거요. 내가 판·검사 남편이 되다니 영광인걸."

남편은 박수를 치며 크게 기뻐했습니다.

그러나 이태영은 오히려 담담했습니다.

'하느님이 나를 어떻게든 쓰시려고 합격시켜 주셨구나.'

이렇게 생각하며 옷깃을 여미었습니다.

　이태영은 사법관 실무 수습을 끝내고 발령을 기다렸습니다. 그는 판사를 지원했습니다. 그러나 5, 6개월이 지나도록 아무 소식이 없었습니다.

나중에야 그 이유를 알았습니다. 그 당시 대통령이었던 이승만이 이태영의 판사 임명을 반대했던 것입니다.

"여자가 판사를 한다고? 말도 안 돼! 그리고 이태영의 남편 정일형은 1950년 국회의원 선거 때 서울 중구 지역에 제발 출마하지 말라고 간곡하게 말렸는데도, 무소속으로 출마하여 당선되지 않았는가. 그런 사람의 아내를 판사에 임명하고 싶지 않아."

하는 수 없이 이태영은 변호사가 되기로 했습니다. 우리나라 최초의 여성 변호사가 되어 힘없는 여성들을 돕기로 했습니다.

이태영은 자기 집에 변호사 사무실을 열었습니다. 그러자 많은 여성들이 찾아왔습니다.

"남편 하나만 믿고 뼈가 빠지게 일했어요. 하지만 아들을 낳지 못한다고 집에서 쫓겨났어요. 위자료 한 푼 못 받고요."

"남편은 술만 마시고 오면 저를 죽도록 때려요. 아이들이 말리면 아이들까지 때려요."

"남편은 저를 쫓아내고 아이들과 만나지 못하게 해요. 아이들이 보고 싶어 밤마다 눈물로 지새고 있어요."

여성들은 이태영 앞에서 저마다 억울하고 기막힌 사연들을 털어놓았습니다. 그때마다 이태영은 그들을 붙잡고 함께 엉엉 울었습니다.

이런 일이 날마다 계속되자 이태영의 자식들이 말했습니다.

"엄마, 변호사 사무실이 대단한 줄 알았더니 그게 아니네. 우는 아주머니들만 오는 집이야?"

그러나 이태영은 법의 보호를 받지 못하고 피눈물을 흘리는 여성들을 외면할 수 없었습니다. 그래서 여성들에게 무료로 법률 상담을 해 주는 사무실을 차렸습니다. 이것이 1956년 8월 문을 연 '여성 법률 상담소' 입니다.

여성 법률 상담소는 1966년 8월 '한국 가정 법률 상담소'로 이름을 바꾸고 법률 상담 등을 통해 여성들의 가정 문제 해결에 크게 이바지했습니다.

이태영이 펼친 가장 큰 활동은 가족법 개정 운동이었습니다. 가족법은 친족 관계와 재산 상속 등 가족에 관한 법입니다. 1953년 9월 이 법의 초안이 완성되자, 이태영은 법전 편찬위원회에 '남녀 평등을 이념으로 하는 헌법 정신에 비추어 제정해 달라.' 고 정화순, 표경조, 황신덕 등 여성 지도자들과 함께 건의서를 제출했습니다. 그리고 대법원장을 만나러 갔습니다.

하지만 대법원장은 이태영을 보고 호통을 쳤습니다.

"법조계 초년생이 건방지게 가족법을 고치자고 나서? 어디서 배운 버릇이야? 1천 5백만 여성들은 불평 한 마디 없이 모두 잘 살고 있어. 그런데 어째서 평지풍파를 일으키려는 거야?"

그래도 이태영은 뜻을 굽히지 않았습니다.

여성에게 불리한 가족법을
반드시 고치겠다며 30여 년 동안
가족법 개정 운동을 벌였습니다.

그리하여 가족법은 여러 차례 바뀌었고, 1989년 제3차 가족법 개정 때는 큰 성과를 거두었습니다. 이혼할 때 아내의 재산 분할 청구권을 신설하여 부부가 재산을 똑같이 나누어 가지며, 남녀 불평등 조항을 없애 아들과 딸이 재산을 똑같이 상속받을 수 있게 한 것입니다. 이로써 바닥에 떨어져 있던 여성들의 지위와 권리를 어느 정도 회복할 수 있었습니다.

이태영은 한국 가정 법률 상담소를 운영하며 법의 보호를 받지 못한 억울한 여성들과 평생을 함께했습니다. 그리고는 1998년 12월 17일, 하늘나라로 떠났습니다.

이태영의 마지막 소원은, 통일이 되면 판문점에 가정 법률 상담소를 세워 이산 가족을 돕겠다는 것이었습니다.

신문 기자 편

우리나라 최초의
민간 신문 여기자

최은희

1904~1984, 우리나라 최초의 민간 신문 여기자로, 호는 추계이다. 3·1 운동 때는 학생들과 독립 만세를 부르고 고향으로 내려가 만세 운동을 일으켜 징역을 선고받기도 했다. 일본 동경으로 유학을 떠나 일본 여자 대학 사회 사업학부에 입학했다. 1924년, 3학년 여름 방학 때 고국으로 돌아와 조선일보사 기자로 들어가 1932년 늑막염으로 신문사를 그만둘 때까지 뛰어난 활약을 했다. 1927년에는 여성 운동 단체인 근우회를 만들었으며, 해방 이후 서울 보건 부인회 부회장, 대한 여자 국민당 서울시 당수 등을 지냈다. 말년에는 여성사에 대한 집필 활동을 활발히 벌여 〈여성 전진 70년〉, 〈한국 개화 여성 열전〉 등 많은 책을 썼다. 1984년 조선일보사에서 '최은희 여기자상'을 만들어 해마다 시상하고 있다.

"**청군** 이겨라!"

"백군 이겨라!"

황해도 연백 배천 고을의 창동 소학교에서 운동회가 열리고 있었습니다. 응원의 함성이 파도처럼 높아지는 가운데 달리기 경주가 시작되었습니다.

은희는 참가 선수들 가운데 키가 제일 작았습니다. 겨우 여섯 살에 학교에 입학했기 때문입니다. 하지만 달리기에서 결코 지지 않겠다는 듯, 눈을 반짝이며 자기보다 나이 많은 언니들과 함께 출발선에 섰습니다.

출발 신호가 울리자 은희는 힘차게 앞으로 튀어나갔습니다. 그러나 언니들이 더 빨랐습니다. 금세 은희를 앞질러 버리더니 저희들끼리 1, 2등을 다투었습니다.

꼴찌로 들어온 은희는 속상한 듯 그 자리에 털썩 주저앉았습니다.

'실망하기엔 아직 일러. 새로운 달리기 경주가 남아 있잖아. 꼭 1등을 하고야 말겠어.'

은희는 이마의 땀을 닦으며 입술을 깨물었습니다.

은희가 두 번째로 참가한 경주는 '달걀 들고 달리기'였습니다. 왼팔을 뒤로 젖힌 채 오른손에 숟가락을 쥐고 달려가, 땅바닥에 놓인 달걀을 숟가락에 담아 오는 경주였습니다.

은희는 자기 차례를 기다리며 다른 학년의 경주를 유심히 지켜보았습니다. 경주는 쉽지 않았습니다. 달리기를 잘한다고 해서 1등으로 들어올 수는 없었습니다. 숟가락에 달걀을 담아야 하고, 달걀이 담긴 숟가락을 쥔 채 달려야 했기 때문입니다. 달걀을 떨어뜨리면 실격이기에 모두들 거북이걸음을 하고 있었습니다.

은희는 그 광경을 지켜보다가 빙그레 웃었습니다.

'달걀을 떨어뜨리지 않고 달릴 수 있는 방법이 생각났어. 이제 1등은 나야.'

은희는 자기보다 큰 언니들과 출발선에 나란히 섰습니다.

"준비, 땅!"

은희는 역시 언니들보다 느렸습니다. 달걀이 있는 데에 가장 늦게 도착했습니다.

그러나 은희는 서두르지 않았습니다. 숟가락으로 달걀을 뜰 때는 처음 생각한 대로 모래와 함께 떴습니다. 그러자 아무리 빨리 달려도 달걀은 숟가락에서 떨어지지 않았습니다. 따라서 은희는 실격하지 않고 1등으로 들어올 수 있었습니다.

구경하던 어른들은 은희의 지혜에 감탄을 했습니다.

"꼬마가 보통이 아니네. 어쩌면 저렇게 꾀가 많을까?"

"저 아이가 이 학교를 세운 분의 따님이잖아. 열 아들 부럽지 않겠어."

은희의 아버지 최병규는 연백 배천 고을에 창동 소학교뿐 아니라 여러 개의 학교를 세웠습니다. 인문 교육을 하는 동흥 학교, 실과 교육을 하는 영명 학교, 농민 교육을 하는 용덕 학교가 그의 손으로 문을 열었습니다.

그는 고을 군수와 더불어 가장 먼저 상투를 자를 만큼 개화에 앞장선 사람이었습니다. 땅을 많이 사들여 가난한 농민들에게 공짜로 나누어 주었으며, 노예 문서를 불살라 종들을 풀어 주었습니다.

최은희는 이처럼 개화파 인사로서 남다른 길을 걸어온 최병규의 10남매 가운데 막내딸로 배천 고을에서 태어났습니다. 1904년 음력 11월 21일이었습니다.

최병규는 나라의 장래를 걱정하는 사람이었습니다. 민족의 살 길은 교육밖에 없다고 생각하여 많은 학교를 세운 것입니다.

또한 그는 1910년 한일합방으로 조선이 일본의 손아귀에 들어가자 일본을 원수로 여겼습니다.

1911년 2월 11일, 일본 수비대에서는 집집마다 일장기를 나누어 준 적이 있었습니다. 일장기는 일본의 국기인데, 일본의 기원절이라고 일장기를 대문에 높이 걸라는 것이었습니다.

최병규는 일장기를 집어 던지며 큰 소리로 외쳤습니다.

"이놈들! 조선 사람인 내가 왜 일장기를 거느냐? 내 눈에 흙이 들어가기 전에는 우리 집 대문에 일장기는 못 건다."

최은희는 이런 아버지의 기개와 애국 정신을 배우며 자랐습니다.

최은희는 창동 소학교와 해주 의정 여학교를 거쳐 서울의 경성 여자 고등 보통 학교에 진학했습니다.

'여학교 때의 노선형 교무 주임 선생님이, 서울에 가면 박희도 선생님을 꼭 찾아뵈라고 하셨지?'

최은희는 서울로 올라올 때 노선형 선생님이 하신 당부를 잊지 않았습니다. 그래서 노선형 선생님이 써 준 편지를 들고 박희도 선생님을 만나러 갔습니다.

박희도 선생님은 편지를 읽고 나서 부드러운 목소리로 말했습니다.

"잘 왔다. 여학교 때 노선형 선생님께 일 주일에 한 번씩 사상 교육을 받았지? 나도 비밀 모임을 준비하고 있으니, 동지가 될 만한 학생들을 찾아내어 내게 데려오너라."

최은희는 박희도 선생님이 지시한 대로 학생들을 찾아 나섰습니다. 이양전, 이덕순 등 동급생 친구들을 끌어 모아 일 주일에 한 번씩 비밀 모임을 가질 수 있었습니다. 비밀 모임 동지들은 20여 명으로 늘어났습니다.

어느 날, 박희도 선생님은 최은희에게 신문을 보여 주며 말했습니다.

"신문 기사를 읽어 보아라. 유복동이라는 17세 소녀의 딱한 사정이 소개되어 있단다."

최은희는 신문 기사를 찬찬히 읽어 보았습니다.

기사에 따르면, 유복동은 황해도 해주가 고향인데 홀어머니가 갑자기 돌아가셨습니다. 하지만 집안이 가난하여 장례를 치를 돈이 없었습니다. 유복동은 할 수 없이 장례 치를 돈을 마련하려고 인천의 기생집에 팔려갔습니다.

최은희는 눈물을 흘리며 신문 기사를 읽었습니다. 그리고는 동지들에게 신문을 넘겨 주었습니다. 동지들도 눈물이 글썽해졌습니다.

"선생님, 사정이 딱하네요. 이 소녀를 구할 방법이 없을까요?"

"방법은 한 가지지. 돈을 마련하여 몸값을 주고 그 소녀를 기생

집에서 빼내는 거야."

"알겠어요. 저희들이 모금 운동을 하여 돈을 마련해 볼래요."

최은희는 친구들과 학교에서 모금 운동을 시작했습니다. 그리하여 모은 돈이 117원이었습니다.

박희도 선생님은 학생 대표 한 사람과 그 돈을 가지고 인천의 기생집을 찾아갔습니다.

기생집 주인은 청나라 사람이었습니다. 두 사람이 찾아온 용건을 말하자 감격스러워하며 이렇게 말했습니다.

"마음씨 착한 학생들이군요. 어른들도 할 수 없는 일을 하다니……. 몸값은 절반만 받겠습니다. 복동이를 데려가시지요."

기생집 주인은 몸값 100원의 절반인 50원만 받고 유복동을 넘겨주었습니다.

박희도 선생님과 학생 대표는 중앙 예배당으로 유복동을 데려왔습니다.

그 날 오후 4시에 중앙 예배당에서는 유복동 환영회가 열렸습니다.

박희도 선생님이 말했습니다.

"유복동 양은 인천에서 얻은 열매입니다. 그 뜻을 담아 이름을 '인실(仁實)'로 바꾸었으면 좋겠어요. 유복동 양 생각은 어때요?"

"고맙습니다. 저는 여러분의 큰 사랑으로 다시 태어났습니다.

그러니 당연히 이름을 바꾸어야지요. 저는 여러분이 베풀어 주신 은혜를 평생 잊지 않겠습니다."

박희도 선생님은 유인실을 자기 집에서 지내게 했습니다. 그리고 정치가이자 민족 운동가인 윤치호의 도움을 받아 학교(배화 학교)에 보내 주었습니다.

이 일이 있고 나서 최은희는 큰 용기를 얻었습니다. 수창동 영신 학교 2층에서 모이는 비밀 모임의 동지도 10여 명이 더 늘었습니다.

1919년 3·1 운동이 일어났습니다.

그 전날인 2월 28일 저녁, 박희도 선생님은 최은희를 집으로 불러 독립 선언서 한 장을 주며 말했습니다.

"내일은 독립 만세 운동이 일어나는 날이다. 내일 정오에 파고다 공원으로 전교 학생들을 데리고 오너라."

이때 비밀 모임의 동지는 모두 24명이었습니다. 최은희는 학교로 돌아와 동지들에게 박희도 선생님의 말을 전하고, 다음 날 아침까지 모든 기숙사 학생들에게 만세 운동을 알렸습니다.

새벽에 학교 운동장에는 독립 선언서 뭉치가 떨어져 있었습니다. 학교에서는 이 사실을 알고 긴급 교직원 회의를 열었습니다.

"학생들이 교문 밖으로 나가는 것을 막아야 합니다."

"걱정 마십시오. 이미 기숙사 문을 자물쇠로 잠가 놓았습니다."

그때 학생들은 처음 계획대로 기숙사 방을 몰래 빠져나왔지만 널빤지 대문은 자물쇠로 굳게 채워져 있었습니다. 한 학생이 소리쳤습니다.

"문을 때려 부수자!"

이 말이 떨어지기 무섭게 도끼, 식칼을 가져와 기숙사 문을 때려 부수었습니다. 300여 명의 학생들은 기숙사에서 나와 학교 밖으로 몰려 나갔습니다.

최은희는 학생들과 서울 시내를 누비며 독립 만세를 불렀습니다. 그러다가 저녁때 지금의 충무로인 진고개에서 일본 헌병에게 붙잡혔습니다.

독립 선언서에 서명한 33인 가운데 한 사람인 박희도 선생님의 지시로 만세 시위를 이끈 최은희는 경무 총감부에서 닷새 동안 신문을 받았습니다. 그리고 서대문 형무소로 넘겨져 3월 24일 풀려났습니다.

그러나 최은희는 3월 27일 고향으로 돌아가서 또 만세 운동을 일으켰습니다. 형부인 송홍국을 도와 독립 선언서와 태극기를 만들어 젊은이들과 더불어 독립 만세를 부른 것입니다.

최은희는 또다시 체포되어 해주 법원에서 징역 6개월과 집행 유예 2년을 선고받았습니다.

최은희는 수원 삼일 여학교, 평양 정진 여학교, 안주 유신 여학

교 등에서 교사로 일했습니다. 그리고는 얼마 뒤 복권이 되어 일본 동경으로 유학을 떠났습니다.

1922년 최은희는 일본 여자 대학 사회 사업학부에 입학했습니다. 뒷날 민중당 당수가 되는 박순천, 중앙 여자 중고등 학교 재단 이사장이 되는 황신덕 등이 함께 공부한 친구들이었습니다.

최은희는 학교 행사가 있는 날은 한복을 곱게 차려 입고 학교로 갔습니다. 한복 차림으로 동경 시내를 걸어가면 아이들이 졸졸 따라다녔습니다.

최은희는 하숙방을 얻어 친구와 같이 지냈는데, 3·1운동 때 징역형을 받았다고 일본인 형사에게 늘 감시를 당했습니다. 학교에 가면 사쿠라이라는 키 작은 형사가 날마다 학교 정문에 지켜 서 있었습니다. 일본 옷인 기모노를 입고 굽 높은 나막신을 신고 다니는 사람이었습니다.

최은희는 이따금 그 형사를 곯려 주었습니다.

어느 비 오는 날이었습니다. 최은희는 사쿠라이 형사를 앞세우고 걸어가다가 슬쩍 방향을 바꾸어 반대쪽으로 가서 잽싸게 전차에 뛰어올랐습니다. 그러자 그는 깜짝 놀라 최은희를 향해 고래고래 소리를 질렀습니다.

"거기 서지 못해! 말을 듣지 않으면 혼내 줄 거야!"

그러나 전차는 최은희를 태운 채 달리기 시작했습니다. 사쿠라이는 나막신을 벗어 들고 계속 고함을 치며 뒤쫓아 왔습니다.

"거기 서! 서라니까!"

최은희는 들은 체도 안 하고 큰 소리로 놀리듯이 말했습니다.

"어머머, 저 사람 좀 봐! 미쳤나 봐! 전차를 달아난 애인으로 아나?"

전차 승객들은 이 말을 듣고 깔깔대고 웃었습니다.

다음 날 최은희는 사쿠라이에게 심한 잔소리를 들어야 했습니다.

그러나 그런다고 해서 움츠러들 최은희가 아니었습니다.

"뭐 그런 일 가지고 화를 내요? 나한테 당하기 싫으면 형사를 그만두면 되잖아!"

최은희는 사쿠라이를 흘겨보며 한 마디 쏘아붙였습니다.

사쿠라이는 최은희 때문에 애를 먹은 것이 한두 번이 아니었습니다. 어떤 날은 전차를 함께 탔는데 그가 조는 사이 최은희는 전차에서 내려 버렸습니다. 그런데 곧장 하숙집으로 향하지 않고 친구 집에 들러 그 날 밤을 묵었습니다. 그 바람에 사쿠라이는 돌아오지 않는 최은희를 기다리느라 하숙집 앞에 밤새도록 서 있어야 했습니다.

1924년 최은희는 3학년이 되었습니다. 여름 방학이 되어 고국으로 돌아온 그는 선배 언니인 허영숙의 집을 찾아갔습니다. 허영숙은 소설가인 춘원 이광수의 부인으로, 산부인과 병원을 운영하는 의사였습니다.

허영숙은 무슨 언짢은 일이 있는지 얼굴빛이 좋지 않았습니다.

최은희는 그의 표정을 살피다가 조심스럽게 물었습니다.

"언니, 무슨 일이 있었어?"

"그래, 아주 치사하고 뻔뻔스러운 인간이 다 있더라. 나 원 기가 막혀서……. 산부인과 의사와 산파도 구별 못하는 주제에 양반이라고 거들먹거리기는……."

허영숙은 흥분하여 넋두리를 늘어놓더니, 자신의 사연을 최은희에게 털어놓았습니다.

몇 달 전, 허영숙은 황금정에 사는 이철재라는 이름난 부자의 아들 출산을 맡았습니다. 부인이 나이가 많아 심한 진통을 하다가, 다급해지자 산부인과 의사를 집으로 부른 것입니다.

허영숙은 한밤중에 인력거를 타고 왕진을 갔습니다. 겨우 손을 써서 위험한 고비를 넘기고, 새벽녘쯤 아들을 낳게 해 주었습니다. 그리고 닷새 동안 간호사를 데리고 가서 부인의 산후 조리를 말끔히 해 주었습니다.

그런데 그 다음 문제가 생겼습니다. 간호사를 통해 청구서를 보냈더니, 이철재라는 부자가 펄쩍 뛰더라는 것입니다.

"무슨 진료비가 이렇게 비싸? 누구를 바보로 아는 거야? 우리한테 바가지를 씌우려고 해?"

허영숙은 왕진비, 조산료 등 세부적인 항목을 뽑아 진료비 85원 10전의 청구서를 다시 보냈습니다. 그러자 이철재는 어이없게도 30원으로 깎자고 떼를 쓰고, 그 돈마저 몇 달째 질질 끌며 주지 않는다는 것이었습니다.

최은희는 사연을 듣고 나서 흥분한 얼굴로 말했습니다.

"정말 몹쓸 사람이네. 심보가 고약해. 언니, 그런 사람한테는 진료비를 한 푼도 깎아 주지 말아요. 악착같이 다 받아 내요."

"나도 그러고 싶은데, 도무지 돈을 줄 생각을 안 하니 원······. 나도 지쳐서 이젠 포기하고 싶어."

"언니, 그럼 내가 돈을 받아 줄까? 포기하지 말고 나한테 맡겨요."

"말은 고맙다만, 너라고 돈을 받아 낼 방법이 있겠니?"

"있지. 돈을 받아 올 테니 두고 봐."

이튿날 아침, 최은희는 이철재의 집으로 갔습니다. 집 안으로 들어서니 오전 9시였습니다.

이철재는 집에 없고 부인만 있었습니다.

"허영숙 산부인과 병원에서 진료비를 받으러 왔는데요."

최은희가 이렇게 밝히자 부인은 심드렁하게 말했습니다.

"바깥양반은 집에 없는데요. 인천에 가서서 저녁 늦게나 돌아와요."

"그래요? 돌아오실 때까지 여기서 기다리죠, 뭐. 돗자리가 있으면 하나 주세요."

최은희는 돗자리를 받아 마루에 깔았습니다. 그리고는 그 위에 올라 앉아, 가져온 잡지책을 오전 내내 읽었습니다.

점심때가 되자 집 안 사람들은 식사를 했습니다. 그러나 최은희에게는 점심을 차려 주기는커녕 먹어 보라고 권하지도 않았습니다.

'그 주인에 그 식구들이네. 손님도 몰라보는 구두쇠들이야. 흥, 그런다고 해서 내가 쫄쫄 굶고 있을 줄 알아?'

최은희는 집 안을 향해 큰소리로 외쳤습니다.

"여기요, 나도 냉면 한 그릇 말아 주세요."

부인은 못마땅한 듯 눈꼬리가 올라갔습니다. 하지만 빚을 받으러 온 사람도 손님은 손님이기에, 하녀를 시켜 점심을 차려 주게 했습니다.

시장하던 참이라 냉면 한 그릇을 게 눈 감추듯 비운 최은희는 마루 위에 벌렁 누웠습니다. 음식을 먹었다고 몸이 나른해지며 졸음이 쏟아졌기 때문입니다.

최은희는 늘어지게 낮잠을 잤습니다. 깨어 보니 어느 새 오후 4시였습니다.

눈을 떠 보니 저녁 늦게나 온다던 이철재가 돌아와 있었습니다. 부인에게 사정 이야기를 들은 그는 최은희에게 호통을 쳤습니다.

"남의 집에 와서 이 무슨 짓이요? 주인이 없으면 돌아가야지."

최은희도 지지 않고 말했습니다.

"돈을 주셔야 돌아가지요. 주인 나리를 만나려고 이렇게 기다리고 있었어요."

"돈이라니? 날강도에게 넙죽 돈을 안겨 달라고? 아무리 의사라고 하지만 터무니없이 돈을 요구하는 법이 어디 있소?"

"터무니없다니요? 제대로 진료비를 청구한 거예요. 도저히 받아들일 수 없으면 고소를 하세요."

최은희는 입을 다물고 잡지책을 펼쳐 들었습니다. 주인이 뭐라고 하든 돈을 주기 전에는 이 집에서 한 발자국도 나가지 않겠다는 태도였습니다.

이철재는 씩씩거리며 최은희를 노려보았습니다. 그는 담배를 뻑뻑 피우며 안절부절못했습니다.

"좋소. 그럼 타협을 합시다. 85원 10전은 너무 과하니 40원으로 깎읍시다."

최은희는 대꾸도 하지 않았습니다. 이철재는 얼굴을 찡그리더니 다시 입을 열었습니다.

"40원이 적은가? 그렇다면 60원으로 하지. 이 이상은 나도 절대 못 줘."

최은희는 고개를 쳐들고 말했습니다.

"여기는 저잣거리가 아닙니다. 돈 많으신 분이 왜 자꾸 깎으려 하십니까? 가난한 사람에게는 공짜로 진료해 주기도 합니다. 하지만 당신 같은 분에게는 한 푼도 깎아 드릴 수 없습니다."

이철재는 얼굴이 붉어졌습니다. 볼을 씰룩씰룩하고 헛기침을 했습니다.

이철재는 최은희를 설득하려고 했지만 아무 소용이 없었습니다. 진료비를 받지 않으면 일 주일이고 열흘이고 이 집에서 버티겠다는 기세였습니다.

이철재는 두 손 두 발 다 들었습니다. 85원 10전을 고스란히 내주고 만 것입니다. 최은희는 의기양양하게 그 집을 나섰습니다. 그때가 저녁 7시였습니다.

춘원 이광수는 부인 허영숙에게 이 이야기를 전해 듣고 껄껄 웃었습니다.

"배짱과 수완이 보통이 아니네. 그만하면 신문 기자를 해도 되겠는걸."

그 무렵 조선일보사는 창간 4주년을 맞아 변신을 꾀하고 있었습니다. 1924년 9월 월남 이상재가 사장, 신석우가 부사장에 취임하면서 주필 안재홍, 편집국장 민태원 등과 함께 새로운 아이디어를 짜냈습니다. 그 가운데 하나가 민간 신문으로는 최초로 여기자를 뽑아 쓰겠다는 것이었습니다.

이광수는 조선일보사 간부 회의에 나가 최은희를 소개했습니다. 이철재에게 진료비를 받아 온 이야기를 한 뒤 이렇게 물었습니다.

"어떻습니까? 이만한 배짱과 수완이면 신문 기자를 하기 충분하지 않나요?"

간부들은 고개를 끄덕였습니다.

"대단하군요. 그만하면 신문 기자를 하고도 남지요. 그런데 한

가지 궁금한 점이 있습니다. 글 솜씨는 있나요?"

"물론이지요. 이 아가씨가 동경에서 공부하고 있는데, 제 아내와 자주 편지를 주고받고 있어요. 그 편지를 읽어 보니 글 솜씨도 훌륭하더라고요. 신문 기사뿐 아니라 다른 글도 잘 쓰겠어요."

최은희는 이광수의 추천으로
그 자리에서 신문 기자로 뽑혔습니다.
우리나라 최초의 민간 신문 여기자가
태어나는 순간이었습니다.

"기회는 나는 새와 같으니 주저할 것 없다."

이광수는 최은희를 불러 이렇게 말했습니다. 이 말 한 마디로 최은희는 일본 여자 대학으로 돌아가지 않고 조선일보사 기자가 되었습니다.

최은희가 처음 맡은 기사는 조선일보사에서 주최한 '부인 견학단'의 수행기였습니다.

기사가 처음 나가자 이상협 전무가 편집국 사무실을 찾아와서 말했습니다.

"부인 견학단 기사를 누가 썼지? 아주 재미있게 읽었어. 잘 썼더구먼."

　이상협 전무가 사무실에서 나가자, 민태원 편집국장이 웃으며 말했습니다.
　"최은희 기자, 처음 쓴 기사로 대기자가 되었군그래. 이상협 전무의 칭찬 한 마디는 신문사에서 대기자 합격증으로 통하거든."

그 뒤부터 최은희는 남자 기자보다 뛰어난 활약을 했습니다. 그가 맡은 일은 여성들의 사회 활동과 현실을 취재하여 기사로 쓰는 것이었습니다. 그는 아침부터 저녁까지 부지런히 현장을 찾아다녔기 때문에, 그가 쓴 기사는 독자들로부터 큰 호응을 받았습니다.

최은희는 취재를 위해서라면 열심히 발로 뛰고 몸으로 부딪쳤습니다. 남들이 꺼리는 빈민굴로 뛰어들었으며, 기생으로 변장하여 인력거를 타고 다녔습니다. 또한 2등 비행사 신용인의 고국 방문 비행 행사 때는 남자 기자들을 제치고 비행기에 동승해, 10분 동안 저공 비행을 하며 취재를 벌이기도 했습니다. 이것은 민간인 최초의 비행기 탑승이었습니다.

최은희는 정치부, 사회부, 학예부를 거쳐 학예부장에 오르는 등 8년 동안 기자 생활을 했습니다.

1930년 7월 7일 법원에서 근무하는 이석영과 결혼한 최은희는 1932년 늑막염으로 신문사를 그만두었습니다. 그리고는 집에서 아이들을 기르고 살림을 하는 일에만 힘썼습니다.

1943년 남편이 심장마비로 세상을 떴습니다. 최은희는 바느질도 하고 장사도 하는 등 온갖 고생을 하며 1남 2녀를 모두 박사로 훌륭하게 키웠습니다.

1927년 유영준, 황신덕 등과 여성 운동 단체인 근우회를 만들었던 최은희는, 8·15 해방이 되자 사회 활동을 시작했습니다. 1945년 여권 실천 운동자 클럽을 만들어 '여학교 교장은 여자로 하자'는 운동을 펼쳤으며, 1946년 서울 보건 부인회 부회장, 1952년 대한 여자 국민당 서울시 당수가 되었습니다. 그리고 1952년에는 5월 8일을 '어머니날'로 정하자는 운동을 벌여 그것을 성사시켰습니다.

1983년 최은희는 적십자 병원에 입원 중이었습니다. 5월 6일, 그는 가족과 친지들이 있는 자리에서 5천만 원을 조선일보사에 맡겼습니다. 한평생 알뜰히 모은 전 재산이었습니다.

"이 돈을 훌륭한 후배 여기자들을 길러 내는 데 써 주십시오."

최은희의 소박한 꿈은 그가 세상을 떠난 1984년에 이루어졌습니다. 조선일보사에서는 그가 맡긴 돈으로 '최은희 여기자상'을 만들어, 그 해 가장 뛰어난 활동을 한 여기자에게 상을 주기로 한 것입니다. 2007년 현재까지 이 상을 받은 여기자는 모두 24명입니다.

최은희는 우리나라 최초의 민간 신문 여기자답게 말년에는 우리나라 여성사에 대한 책을 많이 썼습니다. 〈씨 뿌리는 여인〉, 〈근역의 방향〉, 〈조국을 찾기까지〉를 비롯하여 한국 여성 근대사를 정리한 자서전 격인 〈여성 전진 70년〉, 그리고 1982년 12월 병원에 입원하기 직전까지 쓴 〈한국 개화 여성 열전〉 등이 있습니다.